LE

SOCIALISME

D'HIER ET CELUI D'AUJOURD'HUI

AUTRES OUVRAGES DU MÊME AUTEUR

Les lois économiques. 1 vol. in-18, 1856.

Servage des gens de mer. 1 vol. in-12, 1862.

Le Livret des ouvriers. Brochure in-8, 1867.

Les Traités de commerce, lettre à M. Pouyer-Quertier. In-8, 1868.

Lettre a la chambre de commerce du Havre. In-8, 1868.

La question de la marine marchande. Brochure in-8, 1868.

Les inventions sont-elles une propriété. Brochure in-8, 1868.

DIALOGUES POPULAIRES :

La Cherté du pain ou si j'étais le Gouvernement. Brochure in-8, 1867.

La Taxe du pain, ou M. le Maire, les Boulangers et la Boulangère. Brochure in-8, 1868.

Les Boulangeries coopératives, ou pas d'illusions. Brochure in-8, 1868.

Corbeil, typ. et stér. de Crété fils.

LE
SOCIALISME

D'HIER

ET CELUI D'AUJOURD'HUI

PAR

TH. N. BENARD

MEMBRE DE LA SOCIÉTÉ D'ÉCONOMIE POLITIQUE

RÉDACTEUR DU *Siècle*

PARIS

GUILLAUMIN ET Cⁱᵉ, ÉDITEURS

RUE RICHELIEU, 14

—

1870

LE
SOCIALISME
D'HIER ET CELUI D'AUJOURD'HUI

I

Le Socialisme en 1869.

Un grand nombre de personnes croyaient, l'année dernière encore, que les idées socialistes, émises avec tant de fracas de 1848 à 1850, et violemment comprimées depuis, avaient cessé d'être la préoccupation la plus constante et la plus fiévreuse de certains groupes de travailleurs. On croyait, presque généralement, que les théories de Proudhon étaient mortes avec lui et que l'on n'avait plus à craindre le renouvellement de ces accusations violentes et haineuses contre la propriété et les propriétaires, et de ces revendications fantastiques qui ne pouvaient être satisfaites que

1

par le bouleversement de la société. Pendant dix-huit longues années, le silence s'était fait sur toutes ces questions, et on comptait sur l'apaisement des passions, le progrès de l'instruction et une meilleure entente des intérêts multiples de l'humanité et de la civilisation.

Jamais période de paix factice, de silence forcé et d'aspirations comprimées, n'a mieux prouvé qu'on ne tue pas les idées en les bâillonnant, et qu'il faut, un jour ou l'autre, qu'elles triomphent ou succombent par la discussion.

Déjà les congrès de Liége et de Genève nous avaient permis d'entrevoir l'intensité du travail intérieur qui se faisait dans l'esprit de quelques ouvriers et de quelques étudiants de Paris et de Lyon : le socialisme s'était affirmé de nouveau, demandant, comme toujours, mais cette fois sans ambages et sans réticences, l'abolition de la propriété, la suppression du capital, et l'établissement du communisme. Toutefois, si cette double explosion surprit presque tout le monde, elle n'effraya personne.

Mais, à la fin de 1868, quand les réunions publiques furent organisées à Paris, le socialisme se présenta tête haute dans toutes les salles à la fois, ses orateurs occupèrent toutes les tribunes, et chaque soir, dans cinq ou six réunions, on demanda tout haut la liquidation de la société et sa réorganisation sur des bases communistes. La propriété fut dénoncée comme la cause de tous les maux de l'humanité, le capital fut vilipendé, l'intérêt fut déclaré contraire à la justice et au droit, l'épargne fut honnie, et le commerce fut sommé de céder sa place à l'échange des mutuellistes.

Les choses allèrent si loin, que les chefs du socialisme le plus radical se crurent en mesure de dominer et de diriger les élections de Paris. Ils convoquèrent un certain nombre de journalistes, et des réunions eurent lieu pour étudier les bases et les termes d'un programme qui devait être le drapeau des électeurs, et le *credo* auquel devaient souscrire les candidats. A la majorité de onze contre dix, il fut décidé que toute idée, toute mention de propriété serait exclue de ce programme : la minorité protesta et se retira ; l'idée d'un programme fut abandonnée.

Mais quelques jours après les journaux publièrent le document suivant :

AUX DÉPUTÉS DE L'OPPOSITION LIBÉRALE.

Citoyens députés,

Nous ne croyons pas être contredits par aucun de vous en affirmant qu'en France la peur du socialisme a été, de 1848 à 1851, la cause principale de la perte successive des libertés politiques laborieusement conquises par vos pères ; que cette peur avait fini par rejeter dans le camp de la réaction autoritaire la presque totalité des hommes qui avaient défendu jusqu'alors les principes de la révolution : que si le parti de la liberté s'est ensuite lentement reconstitué, c'est parce que la peur du socialisme s'était progressivement évanouie ; que par le fait des réunions publiques, où la question sociale s'est de nouveau posée, la peur, un moment disparue, tend à renaître avec son ancienne intensité ; et enfin que, si elle ne réussit pas à la faire cesser avant les prochaines élections, l'opposition libérale, dont vous êtes les représentants officiels, risque fort d'être vaincue, sinon à Paris, du moins dans les départements.

Nous aussi, socialistes, nous voulons, bien que

par d'autres motifs, faire cesser cette peur absurde
de la question sociale, et, puisque nous sommes
d'accord avec vous sur ce but, nous vous offrons
loyalement le moyen de l'atteindre.

Nous vous proposons, à cet effet, de convoquer
une réunion de 2,000 personnes, les cartes d'entrée à cette réunion étant ainsi distribuées :

500 remises à la chambre de commerce ;

100 à l'ordre des avocats ;

50 à la magistrature ;

50 aux officiers ministériels ;

50 à la faculté de médecine ;

50 aux journalistes ;

100 aux différents ministères ;

50 au corps législatif ;

25 au sénat ;

25 au conseil d'État ;

500 dont vous disposerez comme vous voudrez,
et 500 laissées par vous aux socialistes qui accep-
teront de vous la sommation suivante :

Sommation de faire connaître, avec précision et
sans réticence aucune, non pas leurs idées sur l'a-
venir de l'humanité, idées qui doivent être d'autant plus vagues qu'elles s'appliquent à un avenir

plus éloigné; mais, ce qui est bien différent et bien autrement important, les mesures législatives qui leur paraissent nécessaires et suffisantes pour accomplir ce qu'ils appellent la révolution sociale.

Désireux comme vous, Citoyens députés, d'en finir avec cette peur absurde, qui fait seule obstacle au triomphe de la liberté; convaincus d'ailleurs qu'un pouvoir quelconque ne pourra jamais révolutionner à sa guise une société qui ne veut pas être révolutionnée, ou la faire marcher dans un sens contraire à celui dans lequel, à tort ou à raison, elle veut et entend marcher, nous avons, après mûres délibérations, pris le parti d'aller au-devant de votre sommation.

Nous vous invitons publiquement à venir discuter avec nous, devant une assemblée composée comme nous venons de le dire, les voies et moyens de la révolution sociale.

Trois sténographes, choisis d'un commun accord, seront chargés de publier *in extenso* vos discours et les nôtres, et la France, attentive à ce grand débat, sera juge.

Qu'avez-vous à craindre ? Ce n'est pas le talent oratoire qui vous manque. Et certes, si nous n'é-

tions pas convaincus de la justice et de la pratica-
bilité de nos moyens, il y aurait de notre part
une grande outrecuidance à oser discuter avec
vous. Mais nous savons, pour l'avoir expéri-
menté dans les réunions publiques, que, chez le
peuple français, l'amour de l'art n'exclut pas le bon
sens, et que celui-ci finit toujours par l'emporter.

Nous savons aussi, et c'est là surtout ce qui
explique notre audace, que si, contre notre at-
tente, nous devons être vaincus par vous sur le
terrain pratique ; que si vous réussissez, par vos
arguments, à convaincre la nation française de
l'impraticabilité de nos moyens, nous réussirons,
de notre côté, à lui démontrer clair comme le jour
la nécessité de trouver d'autres moyens et l'impossibilité de rester dans le *statu quo*.

Le parti socialiste, auquel nous avons l'honneur
d'appartenir, sera sans doute alors renvoyé à l'é-
cole des moyens ; mais la nation, nous en sommes
profondément convaincus, vous y renverra avec
lui en posant ainsi le problème :

Formuler un ensemble de mesures législatives
telles que, la liberté du travail et la liberté des
transactions restant sauves, l'égalité des condi-

tions en résulte progressivement et promptement, sans spoliation ni banqueroute.

Et par là, Citoyens députés, notre défaite commune ne pourra être qu'une victoire commune, une victoire qui, faisant enfin cesser la peur du socialisme, nous conduira, dans un avenir prochain, à la glorieuse et définitive conquête de la liberté, sans laquelle pas de dignité nationale.

Dans l'espoir d'une réponse favorable, nous vous envoyons, Citoyens députés, l'expression de nos sentiments fraternels.

> Ont signé les citoyens : E. Chemalé, — A. Murat, — G. Lefrançais, — Briosne, — H. Tolain, — Demay, — Aug. Bibal, — C. Combes (avocat), — Ch. Longuet, — Pierre Denis, — J. A. Langlois.

Les députés de l'opposition ne crurent pas devoir obéir à cette sommation.

Que demandaient les signataires ? Ils voulaient formuler, disaient-ils, un ensemble de mesures législatives telles, que, la liberté du travail et la liberté des transactions restant sauves, l'égalité des conditions en résultât progressivement sans spoliation ni banqueroute : mais le maintien de la propriété brillait par son absence.

Auraient-ils réussi à formuler quelque chose ? Nous en doutons, car on compte parmi eux des communistes collectivistes et des communistes individuels, des mutuellistes politiques et des mutuellistes an-archiques, des proudhoniens, des cabétiens, etc.

Nous avons cru qu'il était bon de discuter tous ces systèmes, d'en montrer le vide et le danger, l'injustice et l'impossibilité. Il ne faudrait pas croire que la France a le monopole de ces idées ; on les professe aussi de l'autre côté du Rhin et de l'autre côté de l'Atlantique ; voici ce qui a été décidé dans une convention d'ouvriers, réunie à Boston, dans l'Amérique du Nord :

« L'art d'arracher aux autres la plus grande « quantité possible de valeurs, pour le moindre « prix possible, est un art malhonnête, qui en- « gendre le monopole et la spéculation ;

« Le monopole de l'or et de l'argent entre les « mains du gouvernement, qui s'attribue le « pouvoir de créer un agent de circulation, a pour « effet de donner à quelques personnes le pouvoir

1.

« d'élever ou d'abaisser l'intérêt de l'argent, le
« prix des objets nécessaires à la vie et le salaire
« des ouvriers ;

« L'intérêt de la société demande la gratuité
« du crédit, l'abolition des banques nationales, et
« la substitution de certificats de service émanés
« du trésor à la monnaie mise en circulation par
« le gouvernement. »

Nos socialistes parisiens n'auraient pas signé,
croyons-nous, la seconde des ces propositions : ils
savent que le taux de l'intérêt dépend d'autres
choses encore que de l'abondance de l'or et de
l'argent. Nous les avons entendus discuter du risque que court le prêteur, des bénéfices que peut
faire l'emprunteur, et de l'intensité de l'offre et de
la demande.

Il nous semble qu'ils n'auraient pas signé davantage la seconde partie de la troisième résolution :
ils savent que les pièces d'or et d'argent ne sont
autres que des certificats de services rendus, et ils
n'auraient vu aucun avantage à la substitution de
l'État au public pour la remise de ces certificats.

D'un autre coté, les socialistes américains n'auraient pas appuyé les réclamations que nous avons

entendu exprimer ainsi : la terre aux paysans !

Ils voient tous les jours comment on devient paysan, cultivateur, propriétaire ; ils savent comment on cesse d'être propriétaire, cultivateur et paysan : ils voient les cessions et les échanges qui se font et n'y reconnaissent aucune spoliation. Nous doutons fort qu'ils eussent appuyé la demande de liquidation sociale : ils auraient déclaré qu'il y avait encore assez de terres pour ceux qui en voulaient, et que leur expérience de tous les jours leur prouvait qu'elles ne pouvaient être mises en culture, rendues fécondes et fertiles que par l'appropriation.

C'est ainsi que l'expérience et les études des uns et des autres auraient fait justice de chacune de leurs aspirations, et qu'en somme, le bon sens et le droit l'auraient emporté sur l'aveuglement et la passion.

Quoi qu'il en soit, nous allons étudier dans les pages qui suivent les diverses théories que l'on a exposées à la Redoute, et la plupart de celles que Proudhon a émises à l'encontre de la propriété.

Nous nous proposons aussi de dévoiler et de

combattre les théories occultes du socialisme par
en haut sur lesquelles sont basées tant de nos lois
et de nos institutions, théories funestes qui ont
servi de points de départ et d'appui à celles que
l'on veut mettre en leur place.

II

La Liquidation sociale.

Nous devons leur rendre cette justice, tous les orateurs des réunions populaires n'ont pas proclamé la nécessité d'une *Révolution sociale* : quelques-uns, alors moins courageux, ou peut-être plus adroits, se sont contentés de demander la *Liquidation sociale*. Nous les retrouvons, cependant, parmi les signataires de la sommation adressée aux députés de l'opposition.

Mais qu'entend-on par liquidation sociale?

Si nous ne nous trompons, le terme a été inventé par Proudhon ; c'est une réminiscence de 1848, comme la plupart des idées émises à la Redoute et ailleurs. On en a parlé beaucoup, on l'a très-peu expliquée. Rien, au reste, si nous en croyons ses prôneurs, n'est plus innocent, n'est plus juste ni plus honnête. On ne doit spolier personne, tous les droits seront respectés, tous les intérêts sauvegardés ; seulement chacun sera exproprié pour cause de félicité publique contre indemnité préalable et régulière. Par ce temps de papiers de toutes sortes, de valeurs fiduciaires de tous genres, d'actions, d'obligations, de parts, de délégations, de titres, de bons et de coupons, il ne saurait être bien difficile d'imaginer des cédules hypothécaires, des rescrits fonciers, des récépissés de titres, qu'en échange de leurs forêts, de leurs champs, de leurs vergers, de leurs vignobles, de leurs manufactures, de leurs usines, de leurs maisons, de leurs bestiaux, meubles, outils, etc., car tout y passerait, les propriétaires recevraient et conserveraient précieusement, si on ne se chargeait de les conserver pour eux.

Quel intérêt rapporteraient ces récépissés, cédules ou rescrits? Si quelqu'un le sait, nul ne le dit. Comment pourraient-ils être payés, remboursés, liquidés ?.... Il est probable que l'on verrait plus tard.

Toutefois, les propriétaires expropriés, depuis le millionnaire que l'on aura privé de ses domaines, jusqu'au simple artisan dont on aura catalogué et saisi les outils, tous devront se trouver fort heureux d'avoir ces cédules et ces titres, pour la liquidation desquels nulle provision n'est faite.

Enfin, qu'on le sache bien, nos liquidateurs sociaux y mettent des scrupules ; il ne s'agit donc pas de confiscation, de spoliation, il n'est question, nous le répétons, que d'une expropriation.

Voici les formules à l'aide desquelles on espère pouvoir faire accepter au pays la *Liquidation sociale*.

1° « Le travail est l'effort que fait l'homme, dans « le milieu où il est placé, pour s'approprier, en « les transformant, les objets nécessaires à la sa- « tisfaction de ses besoins. »

Nous l'avons dit à une des réunions de la Redoute, si nous rencontrions cette formule, en tête d'un chapitre sur le travail, dans un traité d'économie politique ou de science sociale, nous pourrions la laisser passer comme assez conforme à la nature des choses, et ne méritant aucune observation de notre part. Mais, servant d'introduction à celles qui suivent, elle nous paraît incomplète, menaçante et destinée à servir de base à un odieux système de spoliation universelle. Le droit de l'homme est proclamé, mais son devoir est complétement passé sous silence.

Sans doute, l'homme a le droit de s'approprier par le travail les objets nécessaires à la satisfaction de ses besoins, mais ce droit est limité par ledroit tout semblable des autres hommes, et c'est un devoir pour chacun de respecter ce que les autres se sont déjà appropriés.

La formule ne peut être complète que dans la forme suivante : Le travail est l'effort que fait l'homme, dans le milieu où il est placé, pour s'approprier *légitimement*, en les transformant, les objets nécessaires à la satisfaction de ses besoins.

Si le mot *légitimement* continue à briller par son absence, l'individu qui s'approprie la montre de son voisin, la jette au creuset pour la transformer et en applique le produit à la satisfaction de ses besoins, remplit exactement les conditions de travail qu'exige la formule telle qu'elle a été présentée aux réunions par M. Briosne.

Voici la seconde formule :

« 2° Le milieu social, c'est le milieu naturel
« perfectionné par des observations recueillies
« graduellement et désignées sous le nom de
« sciences, et par une accumulation de moyens de
« production qui multiplient les forces de l'homme

« et qui sont désignés sous le nom d'outillage ou
« richesse. »

Nous prions nos lecteurs de ne pas perdre de
vue le vague de cette rédaction. On met sur la
même ligne, sur le même rang les observations
scientifiques qui nous ont donné les connaissances,
les pratiques, les méthodes, la tradition qui contribuent à former le patrimoine, l'avoir commun
de l'humanité et les moyens de production, c'està-dire les instruments, l'outillage, la richesse que
chacun peut posséder privativement, et s'est acquis
par son travail.

Cette formule détruit tacitement, et sans en
avoir l'air, le droit d'appropriation individuelle
que reconnaît la première.

Passons à la troisième formule :

« 3° Dans le milieu naturel, l'homme est libre
« et responsable de ses actions, mais *la nature lui*
« *fournit gratuitement des moyens de vivre, en*
« *rapport avec ses facultés et ses besoins naturels.*
« Pour que l'homme soit libre et responsable,
« dans le milieu social, *il faut que la société lui*
« *fournisse des éléments de travail en rapport*
« *avec ses facultés et ses besoins de civilisé,*

« c'est-à-dire qu'il a le droit d'exiger que son in-
« telligence soit cultivée et pourvue des connais-
« sances acquises, et d'*exiger la libre disposition*
« *de l'outillage nécessaire à son activité.* »

Ici, nos lecteurs le reconnaîtront, le droit d'appropriation proclamé par la formule n° 1 prend
une extension formidable, ou plutôt est confisqué
au profit de tous : c'est le communisme à son dernier paroxysme. On ne se demande pas si les éléments de travail, si l'outillage existant sont le produit des efforts de leurs possesseurs, si ces éléments
et cet outillage sont les seuls qu'il soit possible de
se procurer par le travail, on affirme que l'on a le
droit d'en exiger la remise !

Il nous semble que les Peaux-Rouges s'appro-
prient ainsi, en temps de guerre, les arcs, les
tomahawks et les huttes, dont ils ont besoin.

Mais voyons ! est-il vrai de dire que dans le milieu naturel la nature fournit *gratuitement* à
l'homme les moyens de vivre en rapport avec ses
facultés et ses besoins naturels ?

Si la réponse pouvait être affirmative, le monde
aurait certainement reculé au lieu de progresser,
car aujourd'hui rien ne nous vient gratuitement ; la

satisfaction du moindre de nos besoins exige un effort. Ce qu'il y a de vrai, ce que chacun sait, c'est que la nature n'a donné à l'homme, dans le *milieu naturel*, qu'une intelligence assez bornée et les dix doigts de ses mains, avec lesquels il doit combattre la faim, la soif, le froid, le chaud, les intempéries des saisons, les besoins les plus intraitables, et les dangers les plus à redouter.

Nous ne savons pas, au juste, en quoi peut consister la responsabilité des Peaux-Rouges, mais nous savons qu'ils ont la liberté de chasser et de pêcher, avec celle de mourir de faim quand la pêche et la chasse ont été infructueuses ; nous savons encore que la gratuité du milieu naturel va jusqu'à le forcer à parcourir des espaces immenses en pourchassant les daims et les buffles, et à combiner la construction de misérables huttes pour se mettre à l'abri de la chaleur, des pluies, des gelées et des bêtes fauves.

Nulle part la nature ne lui donne sans travail une nourriture suffisante, des vêtements d'aucune sorte.

Les animaux seuls pourraient dire, s'ils parlaient, que la nature leur donne gratuitement les moyens de vivre en rapport avec leurs facultés et leurs besoins naturels, car, si quelques-uns chassent ou pêchent comme l'homme, aucun n'est forcé, comme l'homme, de se fabriquer un arc, une lance, une fronde, des filets ou un hameçon.

Pouvons-nous donc, de cette prétendue gratuité de la nature, conclure, comme les auteurs de ces formules, que, dans le milieu social, la société doit fournir à l'homme des éléments de travail en rapport avec ses facultés et ses besoins de civilisé ?

Oh ! nous sommes d'avis que la société a le devoir d'exiger que l'intelligence de chacun soit cultivée et pourvue des connaissances acquises. Si nous en avions douté, l'étude de ces diverses formules, et la manière dont elles ont été accueillies, nous en auraient prouvé l'incontestable utilité.

Mais, avant de dire que l'homme a le droit d'exiger de la société la libre disposition de l'outillage nécessaire à l'exercice de son activité, les auteurs de ces formules auraient bien dû se demander dans quel dépôt, dans quel magasin, la société avait en réserve l'immense approvisionnement d'éléments de travail, en rapport avec les facultés et les besoins de chacun de ses membres ? Ils croyaient, sans aucun doute, apporter aux réunions une idée neuve, un système inédit, qu'ils avaient inventé de toutes pièces ; et cependant quelle est cette idée, quel est ce système, sinon le vieux drapeau du droit au travail dont la discussion a fait si bonne justice en 1848, qu'il n'en est pas resté le moindre morceau ? Mettre du travail à la disposition de ceux qui en demandent, ou leur fournir un outillage complet et des éléments de travail, n'est-ce pas tout un ?

Nous avouons, au reste, ne pas comprendre la portée de cette prétendue obligation de la société. Donnera-t-elle à l'un des forges à exploiter, à l'autre une filature à diriger, à ceux-ci des fiacres à conduire, à ceux-là, des boîtes de compas, des coupons de drap, des rames de papier, des bois, des cuirs, des marteaux, des chevaux ou des télescopes ?

L'astronome a besoin de ce dernier instrument ; le cocher ne peut se passer d'une voiture, comme le cordonnier ne peut rien faire sans cuir, et le tailleur sans drap !

Le côté séduisant de ce système, c'est qu'il ne serait pas nécessaire de travailler pour acquérir des outils, des machines, des instruments, des matières premières, des capitaux, des terres, tout ce dont a besoin un homme civilisé! La société serait tenue d'en fournir à chacun suivant ses facultés et ses besoins.

Merveilleuse organisation ! L'âge d'or serait revenu : seulement la société ne pourrait fournir au banquier le capital dont il a besoin, au capitaine le navire qu'il doit commander, au laboureur le champ qu'il cultivera, etc., qu'en prenant capitaux, navires et champs à ceux qui les possèdent aujourd'hui.

Or, en vertu de la première formule, toutes ces choses sont le produit de l'effort que, dans la limite de leur droit, certains hommes ont fait, pour approprier certains objets à la satisfaction de leurs besoins. Irons-nous, méconnaissant ce droit sur lequel est construit tout cet échafaudage de rapports naturels et d'obligations sociales, leur ravir le fruit de leurs travaux?

Arrivés à ce point de leur discussion, nos docteurs sociaux veulent bien reconnaître que les moyens de donner satisfaction aux droits qu'ils viennent d'énoncer peuvent être discutables, mais ils ajoutent que ces droits eux-mêmes sont imprescriptibles, parce qu'ils représentent le droit imprescriptible de chacun sur le sol.

Voici, au reste, quelle est la formule :

« 4° Les moyens de donner satisfaction à ces « droits peuvent être discutables, les droits eux- « mêmes sont imprescriptibles, parce qu'ils re- « présentent le droit imprescriptible de chacun sur « le sol où se meut la société, droit dont la reven- « dication par un seul citoyen rendrait la société « impossible. »

Il est à remarquer, cependant, que si ce sol n'avait pas été cultivé, fécondé, mis en rapport par le travail de quelqu'un, le droit imprescriptible dont il s'agit devrait s'étendre pour chacun sur un certain nombre de lieues carrées, car c'est seulement dans un espace aussi grand que la nature fournit au sauvage, par la pêche, la chasse et la cueillette, les moyens de vivre en rapport avec ses facultés et ses besoins de sauvage.

Nous laissons de côté le droit de pâture que revendique encore Proudhon, parce que nul ne peut le réclamer que s'il a soumis à la domesticité, c'est-à-dire, s'il s'est approprié une partie de l'outillage social, des troupeaux de bêtes à laine ou à cornes.

Aussi, pour être logiques, nos modernes liquidateurs sociaux doivent revendiquer leur part de vaches, porcs et brebis, en même temps que leur part de champs arables et de prairies.

Il est certain que, moins l'homme est intelligent et civilisé, et plus est grande l'étendue de terrain dont il a besoin pour vivre; aussi ceux qui prétendent avoir un droit imprescriptible au sol, préfèrent de beaucoup, et c'est une preuve incontestable de leur intelligence, une moindre étendue de sol, pourvu qu'il soit bien défoncé, bien labouré, bien fumé, bien ensemencé, et qu'il n'y ait plus qu'à récolter.

Offrez-leur un coin des landes de Gascogne ou de Bretagne, et vous verrez qu'ils vous répondront, aux termes de la formule n° 3, que la société doit leur fournir des éléments de travail en rapport avec leurs facultés et leurs besoins de civilisés, et qu'il leur faut des cultures toutes prêtes et des terres en plein rapport.

« Moi, des tanches, dit-il : moi, héron, que je fasse
« Une si pauvre chère ! Eh ! pour qui me prend-on?

Nous ne savons si les auteurs de ces formules de liquidation sociale ont vu, ailleurs qu'en Orient et au Paraguay, le sol revendiqué par un seul individu ; mais ils devraient comprendre qu'avec notre législation actuelle nous tournons le dos à une hypothèse de ce genre pour marcher à grands pas vers un milieu social dans lequel tout citoyen sera ou pourra devenir propriétaire.

En Égypte le sol tout entier a appartenu au Pacha, et chaque habitant le cultivait au profit du Pacha.

Au Paraguay, les jésuites s'étaient approprié tout le sol, tous les édifices, tous les outils, tous les animaux, toutes les semences, toutes les matières premières.

En Algérie, une grande partie des terres est possédée collectivement, ce sont les terres *Arch :* il n'est pas un observateur qui n'ait déclaré que la nature collective de ces propriétés est la principale cause de la grande misère des Arabes.

Dans le système communiste qui s'établirait à la suite de la liquidation sociale que l'on nous prêche, le sol serait évidemment dans les mains de ceux que nous pouvons appeler les répartiteurs des tâches et des pitances. Ce ne serait pas une réminiscence de la constitution jésuitico-paraguayenne, ce serait la conséquence logique, inévitable de l'abdication des droits de chacun, de l'abandon des droits individuels aux mains de ce que l'on appelle la société. Plus ne serait besoin de noms et d'appellations diverses, des numéros suffiraient, comme dans les bagnes.

Les jésuites distribuaient à leurs machines vivantes, qu'ils appelaient leurs ouailles, après la prière, la ration et la tâche du matin, la ration et la tâche du milieu du jour, et la ration du soir, avant la dernière prière. Otez les prières de ce genre de vie, et vous avez en perspective l'existence du bœuf et du cheval, de l'âne et du mulet.

Nous venons de dire qu'avec notre législation actuelle, nous tournons le dos à une revendication par un seul de tout le sol où se meut la société !

En effet, on comptait, en 1815, trois millions huit cent cinq familles possédant 44,750,000 hectares de terre : en 1860, le nombre des familles propriétaires s'élevait à cinq millions cinquante-cinq mille qui possédaient 45 millions d'hectares.

Il résulte de ces chiffres que, dans une période

de 45 ans, le nombre des familles propriétaires
s'est accru de 1,745,000, c'est-à-dire à raison
de 38,777 familles par an.

On peut compter qu'une population de 38 millions d'habitants est formée de huit millions et
demi de familles : il restait donc, en 1860, deux
millions neuf cent cinquante mille familles qui n'é-
taient pas propriétaires.

Si la proportion précédente se continuait à
raison de 38,777 familles par an, il faudrait 78 ans,
à partir de 1860, pour que toutes les familles de
France devinssent propriétaires. Mais nous avons
des raisons de croire que la progression est plus
rapide et est proportionnelle à l'accroissement
incessant de la richesse du pays. Dans les pays qui
s'appauvrissent, le sol se concentre de plus en plus
dans la main des riches et des puissants : il en est
tout autrement dans les pays qui s'enrichissent.

Nous verrons, d'ailleurs, quand nous traiterons
de la propriété, qu'il y en a d'autres que celle du
sol, et nous savons que cette dernière rapporte
moins que toute autre : ne serait-il pas étrange que
tous les habitants d'un pays voulussent prendre le
bien qui rapporte le moins ?

Il n'est pas de pays au monde où la propriété du sol soit aussi divisée qu'en France ; il n'est pas de pays où il soit aussi facile de devenir propriétaire. N'y a-t-il pas lieu de s'étonner que ce soit dans un tel pays que l'on prône le plus la liquidation sociale, la redistribution des terres ?

Nous sommes arrivés à la 5e formule des novateurs, en voici le texte :

« 5° En fait, dans toutes les sociétés, l'ou-« tillage ou richesse se trouve aggloméré entre « les mains de *quelques* citoyens, d'où il résulte « que ceux qui n'en sont pas pourvus ne peuvent « développer leur intelligence, et ne peuvent exer-« cer leur activité que suivant le bon vouloir des « possesseurs, et en leur abandonnant une partie « de leurs produits.

« Un pareil état de choses est la négation du « droit de produire, inhérent à la nature de « l'homme, et de l'idée supérieure de justice, qui « est le respect du droit de chacun, et qui devrait « être la base de toute société ! Aussi c'est de cet « état de choses que résultent tous les désordres qui « affligent la civilisation. »

Nous nions de la manière la plus absolue que

l'outillage ou richesse soit aggloméré dans les mains de quelques citoyens : ce qui est vrai, c'est que l'outillage ou richesse est inégalement réparti, chacun a la part que lui ont valu ses efforts. Toute richesse, tout outillage vient du travail, et la possession doit en être respectée en vertu de l'idée supérieure de justice qui est le respect du droit de chacun. Sans doute, quelques-uns possèdent une richesse qu'ils n'ont pas créée, mais elle leur est venue par don, par échange ou par héritage de ceux dont le travail l'a créée.

Ceux qui ne sont pas encore pourvus d'outillage se trouvent dans la position où étaient les détenteurs actuels de richesse, le jour où ils ont commencé à économiser ce qu'ils possèdent aujourd'hui.

Le point de départ de chacun, ne l'oublions jamais, a été l'*homme nu sur la terre nue*, et si un outillage a été créé, il a été créé à force de labeur, de fatigues, d'efforts et de privations de toutes sortes.

La formule se plaint de ce que ceux qui n'ont pas d'outillage ne peuvent exercer leur activité que suivant le bon vouloir du possesseur et en leur abandonnant une partie de leurs produits.

2.

C'est vrai : mais il est à remarquer qu'il n'y a pas que le bon vouloir des possesseurs de l'outillage qui les porte à venir en aide à ceux qui n'en ont pas. Il y a encore, il y a surtout leur intérêt leur faisant une loi de chercher les bras qui emploieront la partie de leurs richesses qu'ils ne peuvent employer eux-mêmes. Il y a nécessité pour eux d'utiliser ou de faire utiliser leur outillage sous peine de le voir dépérir et disparaître. Il n'y a donc ni antagonisme, ni charité ou condescendance, ni oppression ou exploitation, il y a tout simplement service pour service, réciprocité d'avantages.

Mais, dit la formule, ceux qui se servent de l'outillage des autres doivent leur abandonner une partie de leurs produits !

Eh bien ! franchement, nous ne voyons pas où est l'injustice. Étudions les faits, analysons-les, et cherchons où peut être le tort fait à l'emprunteur.

Voici deux hommes : l'un est casseur de bois et l'autre est portefaix. Relativement à ce dernier, le casseur de bois est un des privilégiés de la fortune ; il possède, outre sa cognée et sa scie, une voiture à bras.

Un marchand du voisinage donne commission au portefaix de porter cinquante cartons de marchandises au chemin de fer. A cinq cartons à la fois, cela fera dix voyages. La gare est éloignée de deux kilomètres ; en comptant l'aller et le retour chaque fois, le portefaix aura fait quarante kilomètres pour exécuter la commission qu'on lui a confiée.

Cette énorme distance à parcourir l'effraye quelque peu, et, s'adressant au casseur de bois : Prêtez-moi votre carriole, lui dit-il, je serai de retour dans une heure ou deux, j'en aurai économisé sept ou huit, et j'en consacrerai une ou deux, à vous aider à scier ou à casser votre bois.

Si le marché se fait, cet homme aura économisé quelques heures qui, pour lui, ont une grande valeur, car le temps et ses bras sont sa seule richesse. Où donc se trouve l'injustice, l'immoralité du contrat? Où se trouve l'oppression du travailleur par le capitaliste, dans les marchés de ce genre?

L'idée que renferment les périphrases de la formule, l'idée qui se cache sous le vague des expressions, sous l'embarras des tournures, est celle-ci que les socialistes répètent avec complaisance depuis vingt ans : l'ouvrier a droit à tout le produit de son travail !

Interpellé à la Redoute sur cette question, nous avons répondu : Oui et non.

Oui, sans aucun doute, si l'ouvrier a produit avec des matières qui lui appartenaient, dans un local à lui, avec des outils à lui.

Non, si les matières ne lui appartenaient pas, si le local n'était pas à lui, si les outils n'étaient pas siens.

Dans ce dernier cas, une partie du produit appartient au propriétaire des matières, une autre au propriétaire du local, et une autre au propriétaire de l'outillage.

C'était un *mutuelliste an-archique* qui nous posait cette question. Or, les mutuellistes an- archiques prétendent ne pas être communistes : nous le demandons à tout homme de bon sens, à tout homme de sens droit, tout ne serait-il pas commun à tous, si le travailleur avait toujours droit à tout le produit de son travail, même quand les matières travaillées ne lui appartiendraient pas ?

Les auteurs des formules, les futurs liquidateurs

de la société affirment, eux aussi, qu'ils ne sont pas communistes ! Il faut que les uns et les autres aient une sainte et salutaire terreur de la répulsion qu'inspirent les doctrines communistes pour renier ainsi la base même de toutes leurs croyances.

Qu'est-ce donc que cette formule qui réclame contre l'abandon d'une partie de son produit, que le travailleur consent à faire en faveur de celui qui vient à son aide en lui cédant temporairement une partie de son outillage?

La formule n° 5, dont nous nous occupons, affirme que l'état de choses actuel est la négation du droit de produire et de l'idée supérieure de justice, qui est le respect du droit de chacun et qui devrait être la base de toute société !

E pur si muove, disait Galilée : et cependant on produit, dirons-nous. Mais avec les formules des liquidateurs, on ne produirait plus, car qui voudrait se donner la peine et la fatigue du travail, de la production, de l'épargne, si l'on n'était pas certain de posséder? Qui, même dans les sociétés les plus primitives, se donne la peine de chasser le daim ou le bison, si le produit de sa chasse doit aller à ceux qui se sont tenus tranquilles?

Nous ne connaissons qu'une situation dans laquelle l'homme voit tout le produit de son travail passer aux mains des autres, c'est celle de l'esclave.

Admettons, cependant, que l'on produise comme aujourd'hui, et remarquez que l'on ne produit ni trop ni même assez, puisqu'un trop grand nombre d'individus sont dans le besoin et le dénûment, admettons donc que l'on produise comme aujourd'hui, il arrivera bientôt que l'outillage sera inégalement réparti, car les uns produiront plus que les autres, économiseront plus que les autres.

Nous ne voyons d'autre moyen d'empêcher cette inégale répartition, ce que l'on appelle cette sacrilége négation du droit de produire, cette odieuse négation de l'idée supérieure de justice, que de confier à quelques-uns la charge de répartir également les produits, le soin de partager les richesses au fur et à mesure qu'elles sont produites.

Eh bien ! nous le demandons à nos adversaires eux-mêmes, n'est-ce pas là encore le communisme dans toute sa hideur, ravalant l'homme travaillant au niveau du bœuf et du cheval, et lui fournissant sa pitance de chaque jour au râtelier communal?

Cherchez, étudiez, fouillez, analysez toutes les rêveries socialistes, et bon gré, mal gré, vous les voyez toutes converger vers la tombe commune de toutes ces folies, le communisme, ou l'abêtissement de l'homme par la suppression de sa liberté et de sa responsabilité.

Voici toutefois la sixième et dernière formule :

« 6° Il y a donc à étudier tous les éléments éco-« nomiques, qui servent à former et à maintenir « cette agglomération de la richesse, et à chercher « les moyens de la niveler graduellement jusqu'à « ce que chacun, devenu possesseur de l'outillage « nécessaire à l'exercice de son activité, et ayant « perfectionné son intelligence, puisse agir libre-« ment en restant responsable de ses actions et en « ayant toujours la faculté d'agir individuellement « ou collectivement suivant qu'il le jugera utile à « ses intérêts ! »

Nous avons étudié ce chef-d'œuvre de la présomption humaine, c'est un tohu-bohu de contradictions, de mensonges, de réticences et d'odieuses allégations, dont le bon sens public a déjà fait justice.

Mais pourquoi cet euphémisme de *Liquidation sociale?* Pourquoi n'avoir pas dit dès le début que ce que vous cherchez, c'est la *Révolution sociale?*

III

La Gratuité du crédit.

Il y avait lieu de croire que le système de la gratuité du crédit, imaginé, il y a quelque vingt ans, par Proudhon, était une de ces fantaisies humoristiques qu'affectionnait le célèbre démagogue, et qui surgissent parfois à l'heure des grandes commotions politiques pour disparaître sans retour, quand, les esprits se calmant, le bon sens reprend son empire.

Les discussions qui ont eu lieu dans les réunions publiques ont montré que ce système avait encore des adeptes convaincus, niant toute rémunération due au capital, et rêvant un échange mutuel de services dans lequel le capital est dépouillé de tout droit et traité en ennemi vaincu.

Nous ne voulons pas revenir ici sur la puissance productive du capital, nous croyons l'avoir prouvée assez souvent ailleurs pour pouvoir négliger en ce moment ce côté de la question. D'ailleurs, si les liquidateurs et révolutionnaires sociaux étaient convaincus de sa non-productivité, pourquoi réclameraient-ils avec tant d'ardeur la répartition entre tous de l'outillage social, c'est-à-dire du capital ? On ne recherche la possession que de ce qui a une valeur, de ce qui peut être utile ou produire des choses utiles.

Toutefois, on a prétendu démontrer les inconvénients des prélèvements du capital pour la part qu'il prend à l'œuvre de la production ; nous nous proposons de montrer quelles seraient les conséquences de la gratuité des services qu'il nous rend. En acceptant comme possible la mise en pratique du système, nous allons faire la part de chacun dans l'hypothèse d'une application des principes mutuellistes.

Une banque, nous a-t-on dit à la Redoute, serait instituée pour escompter, à 1/8 ou même à 1/16 pour cent, toutes les *valeurs faites,* jugées bonnes, payables à diverses échéances, et qui lui seraient présentées.

Ce crédit n'est pas absolument gratuit, on le voit, puisque la Banque prend une petite commission, mais cette commission n'est que la représentation des frais de bureau auxquels il faut né-

cessairement faire face : nous le regarderons
cependant comme entièrement gratuit.

Nous ne nous arrêterons pas à faire observer
que cette banque ne sera guère utile qu'aux fabricants grands ou petits, aux commerçants en
gros et en détail, aux capitalistes, enfin, car il
faut bien les appeler par leur nom, qui auront
fabriqué, vendu et reçu des règlements en échange
de leurs produits : la Banque, ses inventeurs le reconnaissent, ne peut escompter que des valeurs
faites à échéance fixe. Il en résulte tout d'abord,
comme nous l'avons dit à la Redoute, qu'elle ne
viendra pas directement en aide aux simples travailleurs, ni à celui qui travaille à la pièce ou à la
journée, ni à celui qui loue son temps ou ses forces, et n'a, pour vivre, que le produit de ce louage,
ni à celui, plus malheureux encore, qui cherche du
travail et offre l'aide de ses bras ou de son intelligence. Nul de ces infortunés n'a de *valeurs faites*,
payables à échéances fixes.

Ce que le travailleur y gagnera ? Rien.

Ce que le capitaliste et le travailleur y per-
dront ? Tout.

Voilà ce que nous prétendons démontrer.

Il nous importe, cependant, de faire remarquer auparavant qu'il sera bien difficile, sinon impossible, de réunir un capital pour la fondation de cette banque. Ceux qui ont des fonds disponibles préféreront les garder plutôt que de les confier à une institution qui fera profession de les employer *sans profit* et de manière à n'en retirer aucun revenu.

Reste, il est vrai, la création de cette étrange institution par l'État : mais, outre que les défenseurs de ce système repoussent hautement son intervention, ils comprennent que ce serait là du communisme au premier chef. On peut, sans être trop indiscret, demander où l'État trouverait les millions, les centaines de millions, ou les milliards qui seraient indispensables ? Les demandera-t-on à l'impôt ? Le contribuable y regardera à deux fois, avant de verser des impôts dont le but avoué serait de lui retirer la productivité de son avoir.

Les demandera-t-on à l'emprunt ? Mais qui souscrira cet emprunt, sans coupons, sans rente, sans arrérages ?

Nous n'avons donc, pour former le capital de cette banque, fonctionnant dans toute la France, depuis Paris jusqu'au plus humble hameau, car les fondateurs, bien que comme tous les inventeurs de systèmes, ils aient principalement et presque exclusivement en vue l'industrie et le travail de Paris, les fondateurs, nous en sommes assuré, ne voudront pas qu'aucun producteur, ayant de bonnes valeurs faites, soit exclu des bénéfices de l'escompte à 1/8 ou à 1/16 : il s'agit d'ailleurs d'établir l'égalité des conditions, et la banque doit offrir ses merveilleuses facilités partout ; nous n'avons donc, disons-nous, que la triste ressource de la création d'un *papier-monnaie* !

Il ne saurait être question de saisir les fonds de la Banque de France, car le programme, vous le savez, exclut toute idée de spoliation. Il n'y a donc de possible que l'*expropriation* des fonds de la Banque de France, à laquelle on donnerait, en échange de son milliard, des récépissés ou du *papier-monnaie*. On retombe toujours dans la même ornière.

A première vue, et dans l'ignorance possible des résultats inévitables, on peut admettre, à la rigueur, que producteurs et commerçants accepteraient assez facilement un papier peu ou point

convertible en or. Mais nous ne voyons pas pourquoi les non-commerçants, les non-fabricants,
accepteraient ce papier, à moins que le cours forcé
ne leur en fasse une obligation.

Il est vrai que l'on peut nous dire que les non-
commerçants, les non-fabricants, les oisifs, comme
on les appelle, n'auront plus d'autre fonction dans
la société que de dépenser leur capital, et que, ne
recevant plus d'intérêts, de fermages, de loyers,
de dividendes, ils ne pourront être exposés à se
voir offrir du papier-monnaie.

Ces diverses observations, quelque sérieuses
qu'elles soient, ne portent cependant que sur des
détails préliminaires.

Il importe maintenant de rechercher comment
tout cela fonctionnerait, quels avantages les uns
et les autres retireraient de la gratuité du crédit,
c'est-à-dire de la non-productivité du capital.

Il est clair, en premier lieu, que le capitaliste
aurait à vivre, non sur le produit de son capital,
mais sur le capital même.

Il y a des gens qui trouvent cela tout simple,
tout naturel et comme devant nous conduire tous,
non-seulement à l'égalité, mais à la félicité la

plus complète. Examinons : un homme, ayant 100,000 francs, peut vivre aujourd'hui avec le revenu de 5,000 francs que lui donne son capital. Le jour où ce revenu sera supprimé, il jugera prudent de réduire ses dépenses à 2,500 francs par an, au plus, s'il veut que ce capital lui dure quarante ans. Naturellement, chacun cherchera à faire durer son capital, son avoir, aussi longtemps que possible.

Il y aura donc de ce chef une immense et inévitable réduction dans les dépenses des uns et des autres, c'est-à-dire un douloureux rétrécissement de la consommation. Avons-nous besoin de dire que la production aura à se réduire proportionnellement et à se mesurer sur la petite étendue des besoins du plus strict nécessaire?

Ici, on nous arrête et l'on nous dit : Mais le système est imaginé pour supprimer les oisifs, ceux qui vivent de la sueur du peuple, pour forcer tout le monde à travailler, à produire pour vivre ; les capitalistes travailleront, produiront, et la consommation, loin de se restreindre, s'accroîtra d'une manière merveilleuse !

Notre réponse à cette illusion se trouvera dans

les paragraphes suivants, où nous étudions la situation faite par le système aux marchands, aux industriels, aux producteurs de toutes sortes.

Nous dirons donc : Première conséquence de la mise en application du système : moins de consommation, moins de demandes de produits, moins de travail pour le producteur.

Il est évident, en outre, que le système appelé gratuité du crédit ne se borne pas, et ne peut pas se borner, à moins d'inconséquence inadmissible, à supprimer le produit des capitaux placés à intérêt, employés à l'escompte ou dans des opérations de banque; il supprime tout revenu provenant de l'emploi d'un capital quelconque. Il y a sur ce point accord complet entre les principes exposés dans les formules Briosne et Lefrançais et ceux qui ont été développés par Proudhon et ses élèves, principes dont la synthèse se réduit à pourvoir gratuitement tout citoyen de l'outillage ou de la richesse dont il a besoin.

En conséquence, les défenseurs de ce système le reconnaissent : suppression de tout profit dans les opérations de commerce, suppression de tout bénéfice dans les travaux de l'industrie, suppression de revenu pour les propriétaires de maisons, de bois, prairies, champs arables, routes, etc., etc.

Et si vous en doutiez, nous vous citerions l'extrait suivant d'un article intitulé : *A bas les masques !* inséré dans la *Voix du Peuple* du 7 janvier 1850, par M. Georges Duchêne.

« Nous ne vivons que d'échanges. Si tous les « producteurs exigent en sus du prix de revient « un bénéfice, *ils se volent réciproquement.* Mais « un vol réciproque ne profite à personne : ce que « je prends à celui-ci, je suis forcé de le rendre à « celui-là.

« Exemple : la somme de mon salaire est de « 1,000 francs pour un an ; j'y ajoute, *en spéculant* « *sur mes produits, en les vendant plus qu'ils* « *ne coûtent,* un bénéfice de 10 p. 100 ; me voilà « plus riche de 100 francs, peut-être ! Point du « tout : sur tous mes acheteurs, j'ai profité d'un « dixième ; en revanche, tous mes vendeurs ont « bénéficié d'une même quantité sur ce qu'ils m'ont « fourni. D'un côté, j'ai fait payer 1,100 francs « ce qui n'en valait que 1,000 ; de l'autre, je n'ai « eu que pour 1,000 francs de valeurs avec mes « 1,100 francs : où est le bénéfice ? Nulle part. »

3.

Vous voyez bien que les profits du commerce sont un vol, et qu'il est nécessaire d'y mettre ordre.

M. Georges Duchêne appelle tout cela *des vérités simples et banales comme celles de M. La Palisse !*

C'est faire trop d'honneur à M. La Palisse : M. Georges Duchêne lui rendrait des points.

Mais continuons.

Vous êtes marchand de coton : il ne vous est pas permis de retirer un profit quelconque des travaux que vous avez faits, des soins que vous avez donnés, de la prévoyance que vous avez montrée, des risques que vous avez courus, des services que vous avez rendus à l'acheteur en lui épargnant l'obligation, le temps qu'il aurait mis, la fatigue et les dépenses qu'il aurait encourues pour aller chercher ce produit chez le producteur. Ce serait payer l'emploi de votre capital matériel ou immatériel, et le capital n'a droit à aucune rémunération ! Vous devez vendre le coton au prix auquel vous l'avez acheté. Il semble seulement qu'il vous soit permis d'ajouter à ce prix ce que vous pouvez débourser pour frais d'éclairage et salaires d'em-

ployés, et peut-être encore le coût du strict nécessaire à votre entretien. Quant au loyer de votre établissement, il n'en peut être question, puisque vous
n'en payez plus : ce que vous payez au ci-devant
propriétaire de l'immeuble est une portion du prix
d'achat que vous versez. Quand vous aurez payé
vingt annuités, vous serez propriétaire; vous ne
pouvez par conséquent bénéficier sur cette acqui-
sition que vous faites.

Il y a là une certaine obscurité sur laquelle nous
n'avons pu obtenir aucun éclaircissement : les
propriétaires actuels recevront-ils, pendant vingt
ans, les annuités qui doivent leur rembourser leur
propriété, ou l'État leur donnera-t-il, comme
dans le système de la liquidation, des cédules qui
leur tiendront lieu de revenus et de capitaux?

Dans ce dernier cas, l'État deviendrait immédiatement propriétaire de tout ce que renferme la
France, et nous serions les très-humbles esclaves
de messieurs les liquidateurs.

Mais écartons cette brillante perspective et
continuons.

On peut se demander quel intérêt on aura à se
mettre marchand de n'importe quoi Nous com-

prenons très-bien que les marchands actuels chercheront à écouler leurs marchandises; mais, quand cela sera fait, qui donc se donnera la peine de faire venir du coton d'Amérique ou de l'Inde, du cuivre du Chili, ou de la laine de la Plata, s'il ne doit en retirer aucun profit?

Tous les commerçants, à partir du commencement du système, et probablement avant, s'efforceront à réduire leurs dépenses en même temps que disparaîtront ce qu'ils appellent leurs bénéfices, et, nous sommes encore obligés de le reconnaître, la consommation générale diminuera et le travail avec elle.

Cette solution relative au commerce n'est pas d'ailleurs particulière aux mutuellistes anarchiques ou politiques, aux défenseurs de la gratuité du crédit, elle est demandée par la plupart des sectes socialistes, et elle a été essayée par les sociétés dites coopératives de consommation avec le succès que l'on sait.

Le premier devoir d'un socialiste est de déclamer contre les intermédiaires; or, tout boutiquier, tout marchand, tout commerçant, tout commissionnaire, tout négociant, est intermédiaire. Nous ne sachons pas, cependant, qu'aucun d'eux ait imposé ses services, au nom de la loi, par la force ou par la ruse : ils ont ouvert leur boutique ou leur comptoir, et ont attendu les correspondants, les pratiques, les clients et les chalands.

Ces diverses modifications au régime actuel coûteront cher, on le voit, à un nombre immense de travailleurs ; mais que voulez-vous, on ne peut pas faire une omelette sans casser des œufs, et on ne peut pas se donner la satisfaction de faire une révolution sociale sans qu'il en coûte quelque chose.

Nous avons parlé du loyer du marchand, cela nous amène à dire que l'un des principes sur lesquels les défenseurs du système insistent le plus, est celui en vertu duquel tout propriétaire n'a droit qu'à ce qu'ils appellent l'équivalence des services.

Il semblerait que cela veut dire que, si un propriétaire vous loue une maison, vous avez le droit de le payer en mettant à sa disposition une maison exactement semblable. Il n'en est rien : les inventeurs du système ont compris que personne n'échange des choses absolument semblables : une pièce de 20 francs pour une autre pièce de

20 francs, un timbre de 10 centimes pour un autre timbre de même valeur. Ils ont donc prétendu et ils prétendent encore qu'il suffit de payer pendant vingt ans, à raison de 5 pour 100 par an, l'intérêt de la somme qu'ont coûté la maison, la ferme, l'usine, la forêt, etc., pour en devenir propriétaire. Ils sont conséquents avec leur principe.

Voici, à ce sujet, ce que publiait la *Voix du peuple*, le 19 novembre 1849, sous ce double titre : *l'Égalité des conditions est nécessaire, l'égalité des salaires est immorale.*

« L'équivalence des fonctions et la responsabilité « du producteur sont les conditions indispen- « sables de l'échange et de la prospérité publique.

« Les prélèvements du capital sont un obstacle « à la consommation : l'ouvrier, rachetant 9 francs « ce qui lui a été payé 6, est obligé de s'abstenir.

« Ce qui est vrai de la propriété l'est également « des professions à gros salaires, etc. » Ces belles choses sont signées.　　　　　　　　　　G. D.

Nous ne savons si le socialisme s'est fait une idée bien claire et bien nette des conséquences logiques et inévitables de l'équivalence des fonctions, de l'improductivité du capital, de la gratuité du crédit et autres inventions de ce genre : quant à nous, voyons quelles en seraient les suites.

Les propriétaires des quelques milliards que valent tous les immeubles, toutes les terres de France, voyant qu'après vingt ans leurs propriétés auraient passé dans les mains de ceux qui les habitent, les occupent ou les exploitent, réduiraient prudemment le chiffre de leurs dépenses.

Puis, regardant en face ce que les socialistes appellent sans doute le beau côté de la médaille, on peut se demander si le fermier, l'ouvrier, le locataire, pourraient continuer à payer pendant vingt ans, l'un son fermage, les autres leur loyer, alors qu'ils travailleraient moins, produiraient moins, recevraient moins ?

Il y a là une obscurité sur laquelle la lumière ne s'est pas faite : voudrait-on arriver à décréter que, vu la misère croissante, toutes les dettes seraient abolies ?

Toutefois, notons le deuxième effet du sysème : bouleversement complet de tous les rapports sociaux, ruine incontestable de tous les travailleurs, qui, produisant moins, ne gagnant rien, comme nous le verrons, n'auront aucun allégement de leurs charges et obligations que dans vingt ans.

Passons aux fabricants : voici un tisserand, il a acheté pour mille francs de fils de laine, et avec l'aide de ses métiers et de sa machine, avec le concours de ses ouvriers, il a fait une certaine quantité de drap. Que doit-il vendre ce drap, pour ne retirer aucun profit de son capital, pour ne pas être accusé de vol par M. Georges Duchesne, pour rester dans les termes de la thèse du crédit gratuit, qui, ne l'oublions pas, est la suppression de toute rémunération du capital ?

Il devra vendre son drap, juste la somme qu'il a payée pour les fils, soit mille francs, augmentée seulement de ce qu'il a versé à ses ouvriers pour journées de travail, puis encore de ce qu'il peut avoir dépensé pour son propre entretien, et enfin de ce que lui ont coûté la houille et les huiles, qu'ont consommées ses machines, ses métiers et ses lampes.

Avons-nous besoin de dire encore que voici une nouvelle catégorie de travailleurs, obligée à réduire ses dépenses, si elle ne veut pas voir son capital, son avoir, son outillage disparaître rapidement comme un mirage du désert ? Et combien d'outils, de machines, de métiers, resteront oisifs, improductifs, et disparaîtront devant cette réduction des dépenses de chacun ?

Troisième effet du système : amoindrissement de la puissance productive du pays, élargissement incessant de la misère, nivellement vers le besoin, abaissement général et graduel de toutes les classes de la société.

Nous avons vu quel sera l'heureux sort des capitalistes, des commerçants, des propriétaires, des industriels, voyons si celui des agriculteurs sera aussi prospère.

Les fermiers, cela va sans dire, deviendront propriétaires au bout de vingt ans ; cela serait déjà fait si l'on avait adopté le système à l'époque où Proudhon l'a révélé. Mais, en échange de cet avantage, ils auront à donner les fruits de leurs travaux à prix coûtant, c'est-à-dire sans y comprendre le coût du fermage, la rente de la terre, en ne faisant entrer en compte que le montant exact de leurs débours et le coût de leur entretien personnel. Il est évident que c'est là l'esprit, l'essence et le sens du système, autrement il se bornerait à n'être qu'un chassé-croisé fait entre le propriétaire et le fermier, et il arriverait que la France aurait fait une révolution sociale pour le plaisir de faire porter des sabots aux propriétaires actuels et des bottes vernies à nos bons paysans.

Cela posé, nous nous demandons quel intérêt les cultivateurs auront-ils à produire plus qu'ils ne consomment? Pourquoi se fatigueraient-ils à bêcher, herser, sarcler, ensemencer et récolter au-delà de ce qu'il leur faudrait pour leur nourriture et leur habillement? Multipliez leur nombre autant de fois que vous voudrez, si vous ne leur offrez l'appât d'un gain, d'une rémunération de leurs efforts et de leurs sueurs, d'une rémunération qui leur laisse un bénéfice, leur donne l'espoir de s'enrichir, leur produit diminuera : pourquoi se fatigueraient-ils, pourquoi s'exténueraient-ils à produire?

Et nous le demandons aux prôneurs du système, comment s'y prendront-ils pour reconnaître le coût exact des produits, comment feront-ils pour empêcher le producteur de se réserver un profit quand il trouvera l'occasion de le réaliser? Quant à nous, nous ne connaissons pas d'autre moyen que celui qu'avaient appliqué les Jésuites dans les *réductions* du Paraguay, ainsi nommées probablement parce que chaque travailleur était réduit, par le communisme, au triste état des bêtes de somme et de trait. Ce moyen, ne nous fatiguons pas de le répéter, consistait dans l'accaparement par les Jésuites de tous les produits, de tous les fruits du travail des Paraguayens, et dans une répartition tout arbitraire que les bons Pères faisaient matin et soir.

Toutefois, constatons-le, la quatrième conséquence de l'application du système sera : rareté de toutes les choses nécessaires à la vie, disette des grains, pénurie de viandes et autres produits agricoles !

Ne sommes-nous pas en droit de dire, dès à présent, que, d'après ce que nous avons vu du mutuellisme, il a grande chance d'organiser tout le contraire de ce qu'il recherche, d'organiser l'égoïsme le plus étroit, le plus dissolvant que l'on ait jamais rêvé.

Mais, ce n'est pas tout. Si le capital ne doit donner aucun intérêt, aucun revenu, que fera-t-on des produits qui procèdent très-incontestablement de son emploi ?

Le laboureur, par exemple, qui cultive sa terre avec des bœufs et une charrue, recueille une moisson beaucoup plus abondante que celui qui, n'ayant pas un capital suffisant pour acheter bœufs et charrue, défonce le sol avec une simple bêche. Qui donc profitera de l'excédant de récoltes qu'il obtient, si ce n'est le propriétaire du capital? Et s'il n'en profite pas à toujours, qui donc déclarera-t-on son héritier?

Mais ce n'est pas tout : voici un pasteur dont tout le travail consiste à faire paître son troupeau : ses brebis mettent bas, son troupeau est doublé, et nous pourrions en dire presque autant de son capital. S'il conserve tout le croît de ce troupeau, que devient l'équivalence des fonctions? N'est-ce pas d'ailleurs un profit du capital? S'il ne le conserve pas, qui se permettra de dire : Ceci est à moi? La question du crédit gratuit n'est pas aussi simple, on le voit, que semblent le croire la plupart de ses prôneurs.

Nous avons étudié les conséquences de ce système, au point de vue du capitaliste, du commerçant, du propriétaire, de l'industriel et de l'agriculteur : il nous reste à l'étudier dans ses rapports avec les membres des professions dites libérales, et avec l'ouvrier.

Nous avouons ne pas comprendre exactement comment pourront être rémunérés, les médecins, les peintres, les sculpteurs, les littérateurs, etc. Quant aux hommes de loi, nous n'en parlons que pour *mémoire ;* il est probable que les défenseurs du système entrevoient une ère de si grande félicité pour le genre humain, que magistrats, avocats, agréés et autres seront de la plus radicale inutilité.

Mais nous faudra-t-il renoncer aux douces jouissances de l'esprit, de l'intelligence, du goût ? Nous faudra-t-il abandonner à tout jamais la recherche et le culte du beau ? Nous faudra-t-il descendre au degré d'abaissement, d'ignorance et de stupidité des pauvres Paraguayens? Nous le craignons : il nous semble difficile, en effet, d'évaluer la rémunération qui sera due à chacun, et nous nous demandons si l'équivalence des fonctions aura la puissance d'inspirer nos grands poëtes, de soutenir, dans l'aridité de leurs calculs, nos savants astronomes, de guider le ciseau, le burin ou le pinceau de nos grands peintres, graveurs ou sculpteurs? Quels services reconnaîtra-t-on comme équivalents à l'habileté d'un Dupuytren, à la science d'un Arago? Cinquième conséquence du système : affaissement complet du niveau actuel des connaissances, cessation de toutes études, abandon de toutes recherches, règne et triomphe de l'ignorance !

Quant à l'ouvrier, si le système est appliqué logiquement jusqu'au bout, c'est lui, et lui surtout, qui portera tout le poids de l'erreur commise et le portera sans espoir d'amélioration possible, ou plutôt en descendant rapidement les échelons de l'appauvrissement jusqu'au dernier degré de la misère.

Il est vrai que Proudhon fait une exception en faveur de l'ouvrier et lui alloue généreusement 10 pour 100 pour majoration de valeur du produit. Dans la onzième lettre de sa discussion avec Bastiat, voici comment il s'exprime :

« Tout travail doit laisser un excédant; cet
« aphorisme est un des premiers de l'économie
« politique. Il est fondé sur ce principe que,
« dans l'ordre économique, quel que soit le capital
« mis en œuvre, *toute valeur est créée par le*

« *travail de rien ;* de même que, selon la théo-
« logie chrétienne, toutes choses dans la nature
« ont été créées de Dieu, également de rien. En
« effet, le produit étant défini : *L'utilité ajoutée*
« *par le travail aux objets que fournit la nature*
« (J. B. Say et tous les économistes), il est clair
« que le produit tout entier est le fait des tra-
« vailleurs ; et, si l'objet auquel s'ajoute l'utilité
« nouvelle est déjà lui-même un produit, la va-
« leur reproduite est nécessairement plus grande
« que la valeur consommée. Admettons que, par
« son travail, B ait augmenté de 10 pour 100 la
« valeur qu'il consomme, et constatons, par ses
« écritures, le résultat, etc. »

Ce n'est pas nous qui tenterons de concilier
l'aphorisme qui sert d'introduction à ce passage
avec cet autre tiré du livre : *Qu'est-ce que la pro-*
priété ? « la définition du commerce est connue :
« *Art d'acheter 3 francs ce qui en vaut 6, et de*
« *vendre 6 francs ce qui en vaut 3.* Entre le com-
« merce ainsi défini et le vol à l'américaine, toute
« la différence est dans la proportion relative des
« valeurs échangées, en un mot, dans la grandeur
« du bénéfice. »

Ce n'est pas nous non plus qui concilierons cet aphorisme avec ceux de M. Georges Duchesne, que nous avons reproduits.

Si tout travail doit laisser un excédant, ce que nous reconnaissons, tout ce que dit l'économie politique est vrai, et tout ce que dit le socialisme est faux.

Pourquoi le travail du commerçant qui s'est donné la peine de chercher des correspondants, d'établir des relations, de s'informer de l'état des marchés, de créer des concurrences entre les producteurs dans l'intérêt des consommateurs, de rapprocher le produit du domicile de celui qui le consomme, resterait-il sans rémunération, quand le travail du cloutier, qui consiste à tapoter sur une verge de fer rougie au feu, serait rémunéré ?

Pourquoi le travail de la machine qui file mille ou douze cents fils à la fois, tandis qu'un ouvrier ou une ouvrière n'en file qu'un, et beaucoup plus lentement, ne serait-il pas rémunéré sur l'excédant de produit qu'elle permet de livrer aux consommateurs, quand le fileur et la fileuse sont rémunérés de leur produit ?

Mais on nous dira peut-être que le manque de

logique de Proudhon ne vicie pas la théorie du mutuellisme.

Continuons donc notre raisonnement. Nous avons vu que commerçants, industriels, agriculteurs et autres ne seront rémunérés que du coût exact de leurs services, sans aucune majoration pour profits ou rémunération du capital. Tel aussi sera le sort de l'ouvrier. Si le système est logique, l'ouvrier ne devra recevoir que juste la valeur du travail qu'il aura fait, valeur que ne pourront surhausser ni l'emploi d'aucun outil, car ce serait une rémunération d'un capital matériel, ni l'application d'aucune aptitude spéciale, d'aucune méthode économique, ce serait un prélèvement en faveur d'un capital intellectuel !

L'équivalence des fonctions lui allouera juste ce qu'il lui faudra pour vivre, pour se maintenir dans sa position, ou plutôt pour mourir lentement defaim !

« Nous admettons volontiers, disait M. G. D., « dans la *Voix du Peuple*, du 19 novembre 1849, « que si la somme de travail à fournir chaque « jour par chaque ouvrier est de six heures en « moyenne, nul n'a le droit, sous prétexte de force

4

« ou d'habileté extraordinaire, d'accaparer la part
« des autres. Libre à l'habile de faire, s'il le peut,
« sa tâche en quatre heures ; permis au faible d'en
« mettre huit. Mais défense au premier, une fois
« sa besogne achevée, de s'emparer de celle de son
« voisin. »

Après l'exposé de ces doctrines inqualifiables,
est-il besoin d'ajouter que c'est la condamnation
la plus expresse de toute instruction, de tout apprentissage, de toute habileté, de tout progrès, et
la glorification de la maladresse, de la paresse, de
l'ignorance, de tout ce qui ravale l'homme au niveau de la bête ?

L'ensemble de toutes les conséquences que nous
avons rencontrées en faisant cette étude, c'est l'é-
vanouissement absolu du capital. En peu de jours,
en très-peu de jours, tout le capital existant aura
disparu, sera consommé d'une manière irrévocable,
et dans ce système, notez-le bien, il n'y a aucune
provision pour le reconstituer, aucune possibilité
de le conserver ou de le créer à nouveau. C'est
donc à la ruine universelle que nous conduisent
tout droit les décevantes promesses de ces trois
mots : GRATUITÉ DU CRÉDIT, avec lesquels on prétend

élever la condition du travailleur, supprimer les chômages, améliorer les salaires, ou plutôt changer le salarié en capitaliste ou associé, faire régner la justice dans les rapports sociaux et amener l'abondance et le bien-être !

Nous pouvons demander à nos lecteurs s'ils pensent que le système, tout proudhonien qu'il est, est en mesure de tenir ses promesses ?

IV

Le Communisme.

Le communisme est une maladie qui attaque les cerveaux incompris ou plutôt incomplets. Cette maladie, qui a fait d'assez grands ravages dans les temps d'agitation politique, a existé à toutes les époques.

Elle affecte parfois des symptômes religieux, et la victime court alors se renfermer dans un cloître où le peu de bon sens qui lui restait finit presque toujours par disparaître : elle dominait autrefois.

Nous n'avons toutefois à nous occuper que de celle qui sévit aujourd'hui et qui est de nature politique. Le malheureux qui est atteint de cette affection antisociale se croit appelé, par un étrange renversement des fonctions du cerveau, à régénérer le monde, remettre la pyramide sur sa base, faire rentrer l'humanité dans sa voie et répandre le bonheur à pleines mains !

On distingue plusieurs genres parmi les communistes politiques. Il y a d'abord le communiste pur, qui formule hardiment sa doctrine, en demandant la suppression du capital et la confiscation, au profit de l'État, des propriétés particulières.

Ce groupe compte un nombre d'adeptes assez restreint : ses formules n'offrent pas une idée assez claire, assez précise, un aperçu assez satisfaisant de ce que pourrait être une société travaillant sans capital, c'est-à-dire sans outils, sans machines, semences, bétail, matières premières, etc., pour que les gens qui raisonnent encore aient pu se rattacher à cette donnée.

Et que 'on ne croie pas que nous inventions à plaisir une doctrine nouvelle qui n'ait pas été prêchée et proclamée ! L'inutilité du capital, sa suppression, ont formé le thème de plus d'un discours que nous avons entendus.

A côté de ces communistes naïfs et peu dangereux, nous pouvons compter trois autres variétés bien distinctes.

Il y a les communistes autoritaires, genre jésuite, qui veulent confisquer la propriété et le capital au profit de l'État, devenu ainsi grand entrepreneur

4.

de travail et suprême distributeur des pitances et des tâches.

Il y a les communistes collectivistes, genre russe et genre arabe : dans ce système on partage la terre en portions communales ou paroissiales ; chaque tribu a ses terres *arch*, indivisibles, inaliénables, et chaque membre inférieur du groupe la gratte ou la bêche à tour de rôle, comme cela se passe en Russie et dans le territoire militaire d'Algérie.

Il y a enfin les communistes individualistes, c'est-à-dire les partisans du partage égal des richesses sociales, sauf ensuite à se tirer d'affaires comme chacun le pourrait.

Le premier de ces trois groupes s'est évidemment inspiré des institutions monacales et de celles des Jésuites au Paraguay ; le second a été prendre ses idées dans la société cosaque ou dans la tente du cheik algérien ; le troisième a quelque prétention à la nouveauté.

Il flatte assez, nous devons le reconnaître, les tendances vers les idées d'indépendance qui s'accentuent si fortement dans les populations. Vivre sur son petit coin de terre, sans maire, sans garde champêtre, sans gendarmes, sans percepteur, sans administration, sans gouvernement : voilà l'idéal qu'il fait miroiter aux yeux de ses adhérents. Pas un d'eux ne se demande combien de temps cela pourrait durer. Nul ne s'inquiète si la proportion de terre allouée à chacun suffirait à sa conservation ; si les naissances et les décès ne détruiraient pas incessamment l'égalité des fortunes et ne forceraient pas les arpenteurs-géomètres sociaux à se remettre chaque jour à la besogne pour changer les bornes et redistribuer équitablement le peu de richesses qui serait resté.

Aux termes de ce système, chaque abeille de la ruche sociale amasserait isolément sa cire et son miel, laissant sa reine et ses frelons se tirer d'affaires comme ils pourraient. Nous ne savons si cette désagrégation sociale donnerait le bonheur, nous croyons l'homme trop sociable pour chercher sa félicité dans la solitude ; mais ce que nous savons, c'est que c'en serait fait de la civilisation, et que nous retournerions à grands pas vers la barbarie.

Nous ne voyons pas grand mal à ce que ceux qui croient avoir inventé ces chimères, et qui les ont tout simplement prises dans Mably, Fénelon, Thomas Morus, Campanelle ou Cabet, les développent de temps en temps devant un public émerveillé.

Le bon sens ne tarde pas à reprendre son empire et à faire justice de ces rêveries. Nul de nos orateurs des réunions populaires n'aura jamais autant d'auditeurs que le Télémaque a eu de lecteurs.

Mais les communistes qui peuvent paraître les plus dangereux, et encore le danger qu'ils suscitent n'est assurément pas grand, sont ceux que nous nous permettrons d'appeler les communistes honteux : ceux qui veulent la chose sans oser le dire ou sans le savoir, sans se l'avouer à eux-mêmes, et qui s'en défendent avec énergie.

Parmi eux, il y en a qui demandent la création de capitaux illimités par le crédit, par le papier, par une solidarité universelle en vertu de laquelle tout le monde gagnerait et personne ne perdrait.

Il y en a qui veulent le crédit gratuit. Ce serait si commode de se dire : J'ai besoin d'une bonne somme pour construire une manufacture; l'État va me la prêter, ou une institution quelconque sagement combinée va me faire cette avance; je ne payerai aucun intérêt, je la rendrai quand je pourrai !

Reste à savoir ce que chacun gagnerait à cette gratuité. Nous avons étudié cette question dans le chapitre précédent.

Il y en a d'autres qui semblent plus raisonnables et qui, au fond, ne diffèrent guère de ces derniers. Ils veulent aussi faire crédit à tout le monde, gratis ou à peu près, avec cette seule condition que l'emprunteur déposerait tels ou tels produits de son travail, de son industrie, dans d'immenses entrepôts. L'humanité travaillant pour un bazar national, mont-de-piété universel, l'humanité faisant la confection en grand, voilà leur idéal, voilà le système imaginé pour venir en aide aux malheureux, pour sauver l'homme et la société !

Puis il y a en d'autres qui voient le bonheur dans la renonciation aux contrats, dans le manque de foi, et qui proposent sérieusement de jeter au feu le grand-livre de la dette publique, les titres de propriété, des chemins de fer, des mines, des canaux, etc., et d'en distribuer les cendres aux actionnaires et rentiers, en guise de dividendes !

Nous ne continuerons pas plus loin cette énumération : les quelques systèmes que nous avons cités montrent suffisamment combien il est urgent de remonter à la source de ces erreurs, et de rechercher comment il se fait que de pareilles chimères semblent à quelques-uns des vérités réalisables.

On l'a déjà dit, et il est de notre devoir de le répéter : c'est que pendant des siècles et des siècles on a enseigné aux générations que la force fait le droit, et que la propriété n'a d'autre origine que le pillage et la conquête.

N'a-t-on pas préconisé outre mesure les sociétés grecques et romaines, chez lesquelles le travail était honni, réservé aux esclaves, et le dol, la fraude, la violence, la conquête et le butinage tenus en grand honneur?

Et, dans ce que l'on appelle les livres religieux, ne voyons-nous pas parmi les hommes qui sont, prétend-on, le plus selon le cœur de Dieu, l'un filouter le droit d'aînesse de son frère, les autres faire un emprunt forcé des vases précieux des Égyptiens, sans compter toutes sortes d'appropriations extra-légales que se permit pendant longtemps le *peuple de Dieu?*

Il y a aussi la doctrine, enseignée dans toutes

nos écoles de droit, de l'institution de la propriété par la loi, doctrine qui nous vient des Romains et se concevait, était vraie, dans leur temps et dans leur milieu, mais qui n'est qu'erreur et mensonge depuis que le travail a été réhabilité et a donné à la propriété une consécration sérieuse et indiscutable.

Les premiers Romains, en effet, ne possédant rien, plus pauvres que les prolétaires de nos jours, car ils n'avaient pas la ressource du travail, faisaient des incursions sur les terres de leurs voisins, enlevaient leurs meubles, leurs bestiaux et le reste. Au retour de l'armée dans la cité, la loi partageait le butin entre les pillards suivant leur grade : le soldat avait, par exemple, un mouton ; le décurion deux moutons ; le centurion deux bœufs ; et le chef de légion quatre à cinq chevaux. Chacun d'eux pouvait dire : La loi m'a donné, la loi me garantit cette propriété ; je suis propriétaire en vertu de la loi ! Mais se passe-t-il rien de semblable chez nous ? Ce que nous possédons n'est-il pas le fruit de notre travail ? Cette possession n'est-elle pas légitime ?

Et puis, car il faut aller jusqu'à la racine du

mal pour l'extirper en entier. Nos législateurs qui, avec juste raison, ont refusé de reconnaître le droit au travail, n'ont-ils pas, depuis un demi-siècle, proclamé et établi parmi nous le droit au profit?

N'avons-nous pas vu et ne voyons-nous pas encore les industries les plus considérables de France, celles des cotons, celles des fers, celles des laines, des chanvres et des lins, se faire autoriser par la loi à prélever sur les consommateurs des redevances qui ne leur sont pas dues?

On n'a pas voulu que la loi vienne au secours de l'ouvrier qui se plaint de l'insuffisance de son salaire, et on a décrété que le manufacturier, que le fabricant aurait toute une administration à son service pour forcer le consommateur à combler les pertes qu'il pouvait faire ou à grossir ses profits! Y a-t-il donc lieu de s'émerveiller que de pareils exemples aient porté leurs fruits et que l'ouvrier se soit dit : Puisque le gouvernement trouve des combinaisons pour me faire payer le pain moins cher, des combinaisons pour faire gagner de l'argent au patron, il en trouvera, ou, s'il refuse, nous en trouverons, pour améliorer à notre profit le système social !

On s'est effrayé du réveil de ces doctrines sub-
versives de toute civilisation, et on s'est demandé
à nouveau : où allons-nous?

Que l'on se rassure : nous n'allons pas à l'abîme;
les principes proclamés en 1789, et si heureusement appliqués depuis cette époque, ont mis la
propriété dans un assez grand nombre de mains,
pour que nous n'ayons aucune crainte à concevoir
sur sa perpétuité.

En effet, dans notre organisation actuelle, tout
citoyen est déjà capitaliste, c'est-à-dire possesseur
d'une propriété mobilière. Il n'est pas un travailleur qui ne possède quelques outils, quelques
instruments de production, quelques matières
premières. De capitaliste à propriétaire, c'est-
à-dire à possesseur d'une propriété immobilière,
l'écart n'est pas grand, on peut même dire qu'il
n'existe pas, car il n'est pas un objet mobilier qui
ne provienne de la terre, et de grandes portions de
terre sont aujourd'hui représentées par des titres
mobiliers.

Mais s'il nous importe de rassurer ceux qui se
sont effrayés, il nous faut aussi éclairer ceux qui
ont semblé croire que rien ne serait plus facile

5

que de déposséder les propriétaires actuels et d'en mettre de nouveaux à leur place.

Ceux de nos prétendus docteurs en science sociale qui veulent la redistribution des terres savent-ils combien il y a de propriétaires terriens en France ? Nous allons le leur diré pour leur montrer toute l'inanité de l'agitation qu'ils cherchent à produire autour d'une question que 1789 a résolue dans le seul sens qui soit pratique, juste et raisonnable.

En 1815, on comptait trois millions huit cent cinq mille *familles* possédant 44,750,000 hectares de terres.

En 1860, le nombre des *familles* propriétaires s'élevait, d'après M. Léonce de Lavergne, à cinq millions, cinq cent cinquante mille qui possédaient 45 millions d'hectares.

Nous insistons sur le mot *familles* parce qu'il indique le point où gît l'erreur des liquidateurs de la société. Dans diverses réunions nous avons entendu des orateurs s'écrier : Il y a six millions de propriétaires, nous sommes donc trente-deux millions de prolétaires, de déshérités ! Eh bien ! c'est-là une illusion que le rapprochement des chiffres vrais doit dissiper.

Depuis 1860, l'État a vendu des forêts qui ont été morcelées, des biens communaux ont été partagés et de grandes propriétés ont été divisées : il en résulte que le nombre des *familles* propriétaires peut être évalué aujourd'hui à six millions (1).

Or, le père, la mère et trois enfants font cinq têtes par famille : cela nous donne un total de trente millions de propriétaires. Voulez-vous que nous ayons compté trop d'enfants par famille ? Réduisons-les à deux et demi ; c'est tout ce que nous pouvons faire, car l'augmentation continue de la population ne nous permet pas de les réduire à deux, autrement nous aurions un chiffre de population fixe et invariable. A deux enfants et demi par famille, nous avons vingt-sept millions et demi de propriétaires. Mais à ce chiffre nous devons ajouter un million au moins de familles parentes ou alliées de propriétaires et qui peuvent espérer quelque héritage ; nous avons de ce chef quatre autres millions et demi d'individus intéressés au maintien de la propriété, c'est-à-dire, tout ensemble

(1) Dans un rapport adressé tout dernièrement au ministre du commerce, par M. Legoyt, directeur de la statistique, il est établi qu'en 1851 le nombre des propriétaires était de 7,845,724.

trente-deux millions qui repousseront de toutes leurs forces le superbe et séduisant projet de liquidation sociale.

Ainsi donc, sachez-le bien, peureux et novateurs, voici la position : trente-deux millions de propriétaires et six millions de prolétaires. Est-ce à dire que la situation de ces six millions de prolétaires est fixée à tout jamais et que tout accès à la propriété du sol leur est irrévocablement fermé? Est-ce à dire qu'ils sont condamnés à rester toujours en dehors de la propriété et qu'ils doivent se résigner à travailler sans cesse sans jamais posséder?

Il nous a été facile, dans un chapitre précédent, de démontrer le contraire : nous avons montré que le nombre des propriétaires augmente de jour en jour, et que le nombre des prolétaires diminue de jour en jour. L'heure n'est pas loin, à laquelle tout citoyen français qui aura voulu travailler et économiser sera propriétaire d'une partie du sol ou de son équivalent.

Quelle que soit l'ardeur, et elle est grande, quelle que soit la vaillance, et elle est incontestable, quelle que soit l'éloquence, et elle est parfois remarquable, des prôneurs de la redistribution du sol, nous doutons fort qu'en présence de leur ir-remédiable minorité, ils puissent jamais espérer de pouvoir imposer la réalisation de leurs rêves.

Qu'ils se rappellent donc que, loin de marcher vers le communisme, la société semble s'être donné la mission civilisatrice de faire disparaître tout ce qui peut nous être resté de cet état de demi-sauvagerie. Est-ce que l'opinion ne proteste pas incessamment, et sous mille formes diverses, contre ces agglomérations de propriétés que créent de petites associations clérico-communistes? Est-ce que l'on ne réclame pas de toutes parts contre l'absorption par l'État d'une trop grande partie du sol?

Partout où il existe encore des biens communaux, les habitants des communes s'empressent de les rendre biens privés, au moyen des ventes légales, et cela au grand avantage de la société tout entière, car Proudhon lui-même l'a reconnu, il n'y a point de terres produisant aussi peu que les terres indivises, les terres de main-morte, les terres appartenant à des corporations.

« Faut-il donc répéter, dit de son côté M. Thiers, « ce qu'ont dit tous les économistes du siècle der-« nier, que la main-morte est un système barbare,

« anti-agricole, que la terre, pour être bien cultivée,
« doit être une propriété privée, qu'alors seule-
« ment l'homme lui consacre ses soins, son temps,
« sa vie, s'il est à la fois cultivateur et propriétaire,
« ses capitaux au moins s'il n'est que propriétaire :
« que les terres de l'ancien clergé *produisent au-*
« *jourd'hui, seulement en impôt, tout ce qu'elles*
« *produisaient autrefois en fermages*, que de plus
« elles nourrissent leur propriétaire et leur fermier,
« et qu'elles présentent un spectacle d'activité
« extraordinaire, au lieu d'un spectacle de négli-
« gence et de langueur affligeant ? »

Il est certain que, pour qu'un État arrive au plus
haut degré de prospérité qu'il puisse atteindre,
pour que cette prospérité se répartisse le plus équitablement possible entre tous ses membres, il faut
que toutes les forces productives des citoyens
puissent s'occuper, il faut que toutes les sources de
richesses puissent être exploitées. Or, quand l'État
détient des propriétés, il paralyse une foule de
forces qui ne demandent qu'à produire, il garde
enfouis et absolument inutiles des trésors de
richesses qui se multiplieraient à l'infini par le
travail et la circulation.

Que l'on ne nous dise pas que les forêts de l'État sont le gage de ses créanciers ou des réserves nécessaires pour faire face aux besoins imprévus de l'avenir!

Le meilleur gage des créanciers est la richesse toujours croissante du pays, et non des espaces de terre presque incultes. Quant aux réserves, on en faisait autrefois en beaux écus. On a reconnu que l'argent était mieux placé entre les mains de ceux qui le font circuler et valoir ; pourquoi ne reconnaîtrait-on pas que les terres seraient plus profitablement placées dans les mains de ceux qui les défricheraient et les mettraient en culture?

Admettez qu'un hospice possède la moitié des terres d'un département, et vous verrez que la moitié des habitants de ce département iront tendre la main où l'on distribuera des secours, comme, dans le siècle passé, des milliers de malheureux allaient mendier à la porte des couvents. Faites que cet hospice ne possède plus que le quart des terres, et le nombre des indigents diminuera dans la même proportion ; faites qu'il n'en possède qu'un centième, et vous aurez une nouvelle diminution du nombre des pauvres. La raison en est simple, la terre, devenue propriété particulière, sera mieux cultivée, c'est-à-dire emploiera plus de bras et produira plus, c'est-à-dire encore pourra nourrir plus de bouches.

Il importe, disons-le, d'extirper du milieu de nous toute trace, tout noyau, tout vestige de communisme.

Est-il besoin d'ajouter que l'établissement du communisme parmi nous serait la fin de tout bien-être, de toute science, de tous arts, de toute richesse, de toute civilisation ? Ce serait la fin de toute richesse, car la société communiste ne pourrait, sans mentir à son principe, à sa loi fondamentale, produire plus qu'elle ne consommerait. Vous ne ferez pas que des hommes auxquels vous mesurez leur modeste pitance, travaillent plus qu'il ne faut pour produire juste la quantité qui leur est nécessaire. Si vous leur parlez d'un travail plus considérable, d'un travail additionnel pour pouvoir remplacer dans dix ans, dans vingt ans peut-être, tel ou tel bâtiment, tel ou tel pont, telle ou telle machine, ils vous répondront qu'ils n'ont pas charge des générations futures.

Avec le communisme il n'y a pas d'épargne, de réserve possible, et si vous tentez de mettre quelque chose de côté, vous verrez quelles accusations s'élèveront contre les chefs et quels conflits naîtront d'un peu de prévoyance.

Et que deviendraient, nous le demandons, ces innombrables ouvriers qui fabriquent des meubles et des étoffes de luxe ? Que ferez-vous de ceux qui ornementent aujourd'hui les demeures des riches ? de ceux qui burinent, cisèlent, incrustent l'or, l'argent et les autres métaux ? de ceux qui construisent ces légères et splendides voitures ? de tous ces artistes qui jettent leurs pensées sur la toile ou les font sortir du marbre ou du bronze ?

Quoi que vous fassiez, vous ne pourrez donner la richesse à tous, vous ne pourrez pas même leur donner l'aisance ; vous emparant tout d'abord des approvisionnements existants, vous réduirez chacun à une bien médiocre existence pour nous faire descendre tous rapidement aux derniers degrés de la misère, car dans vos mains tout disparaîtra forcément, les capitaux s'évanouiront, l'outillage social se désorganisera et rien ne se créera que quand l'homme effrayé, vous mettant brusquement de côté, dans l'intérêt de son existence, recommencera sa lutte contre la nature, et travaillera pour satisfaire ses besoins, assurer son avenir et celui de sa famille.

V

Guerre au capital.

On a vu que, parmi les communistes, il s'en trouvait qui répudiaient toute idée de capital, tandis qu'il y en avait d'autres qui en reconnaissaient la nécessité et voulaient tout simplement le confisquer au profit de leur idée. Le capital est le point de mire des efforts de tous les agitateurs, parce qu'ils savent que c'est la force dominante des sociétés modernes et que l'on ne peut rien faire qu'avec son concours.

Quelques socialistes plus modérés, cependant, se sont bornés à demander une nouvelle répartition, entre le capital et le salaire, du produit de leurs efforts combinés.

D'après les uns, la part que prend aujourd'hui le capital est trop considérable, d'après les autres elle est telle qu'elle déprime le niveau du salaire jusqu'au chiffre strictement nécessaire pour assurer la subsistance de l'homme. Cette dernière opinion a été assez souvent émise dans les réunions publiques pour qu'il soit utile de l'exposer et de l'étudier sous toutes les faces.

Quelques-uns des orateurs se sont bornés à dire, d'une manière générale, que les économistes établissaient comme un principe que les prélèvements du capital devaient s'accroître incessamment de manière à réduire la part du salarié à ce qui lui est absolument nécessaire pour vivre. D'autres ont cité Turgot et lu aux réunions le passage où cet illustre économiste exprime, en effet, cette opinion.

Voici comment Turgot, dans ses *Réflexions sur la formation et la distribution des richesses*, exposait l'opinion dont on s'est servi pour condamner le système social actuel et les économistes avec lui :

« Le simple ouvrier, dit-il, qui n'a que ses bras
« et son industrie, n'a rien qu'autant qu'il parvient
« à vendre à d'autres sa peine. Il la vend plus ou
« moins cher ; mais ce prix plus ou moins haut
« ne dépend pas de lui seul. Il résulte de l'accord
« qu'il fait avec celui qui le paye de son travail.
« Celui-ci le paye le moins cher qu'il peut ; comme
« il a le choix entre un grand nombre d'ouvriers,

« il préfère celui qui travaille au meilleur marché.
« Les ouvriers sont donc obligés de baisser le prix
« à l'envi les uns des autres. En tout genre de
« travail il doit arriver, et il arrive, en effet, que le
« salaire de l'ouvrier se borne à ce qui lui est
« nécessaire pour lui procurer sa subsistance. »

Turgot partait du principe qui consiste à regarder la terre comme la seule source de richesse. D'après les premiers économistes, les laboureurs, ceux qui cultivent la terre, étaient seuls producteurs de richesses. Les artisans et les fabricants de toutes sortes étaient des auxiliaires qui prenaient une part de la production agricole, mais ne créaient, par leur travail, aucune richesse additionnelle. « Le cordonnier, disait Turgot dans le « même Traité, en faisant des souliers pour le la- « boureur, s'approprie une partie des richesses de celui-ci. »

A l'époque où vivait et écrivait Turgot, les choses semblaient se passer ainsi : le capital avait grand'peine à se former et ne se formait guère que dans les mains des grands propriétaires, qui l'entassaient dans leurs coffres et le réservaient, non pour le faire produire, mais pour le gaspiller en dépenses fastueuses quand l'occasion se présentait ; il se formait encore dans les mains du clergé qui détenait une grande partie du sol, et dépensait ses revenus de la manière la plus insensée et la moins productive, en achats de prétendus honneurs à Rome, en clinquant et en fumée devant des idoles de pierre ou de bois : le capital se formait encore par les soins des gros financiers, prélevant de lourdes remises sur la perception des impôts qui leur était confiée.

Ce n'était pas, à vrai dire, dans aucun de ces trois cas, une création de capitaux, c'était un déplacement aussi ruineux que malheureux des richesses que créaient les travailleurs agricoles et industriels, et ces richesses, accumulées dans des mains qui ne savaient que les dépenser avec ostentation et sans retour profitable, étaient dissipées aussitôt que créées.

Les travailleurs de toutes les classes roulaient incessamment le rocher de Sisyphe. Leur tâche était toujours à recommencer, parce que les redevances, les impôts, les avanies, les injustices, les spoliations de toutes sortes auxquelles ils étaient exposés empêchaient toute amélioration de leur position, et que toute richesse qui n'était pas le sol était des plus précaires.

Les économistes qui vinrent après Turgot ne tardèrent pas à reconnaître que la classe de travailleurs qu'il appelait stipendiée est productrice de richesses aussi bien que celle des laboureurs. Il n'en est pas un seul aujourd'hui qui soutienne l'erreur capitale de ce grand homme.

Leur reprocher cette erreur, en prendre texte pour les accuser, eux et leurs doctrines, c'est comme si l'on excipait des erreurs de Strabon ou de Ptolémée pour rejeter toutes les recherches, tous les travaux des géographes modernes, ou comme si l'on reprochait aux chimistes de nos jours les fausses données de ceux d'autrefois.

Depuis Adam Smith, il n'est pas un économiste qui n'ait reconnu et proclamé que tout travail qui crée de l'utilité crée de la richesse, mais il n'en est pas un non plus qui n'ait reconnu toute l'action fécondante du capital et n'ait proclamé que, loin de s'abaisser au niveau le plus bas, les salaires s'accroissent proportionnellement à la multiplication du capital, et que la rémunération de ce dernier diminue en raison même de cette multiplication.

Les faits qui se passent sous nos yeux, tous les jours, prouvent la vérité de cet axiome. C'est surtout à partir de 89 que le capital, jouissant de cette précieuse sécurité que nos diverses constitutions ont assurée à tous les produits du travail sans exception, s'est rapidement accumulé. L'entrepreneur de travaux, il est vrai, paye encore les travailleurs le moins cher qu'il peut, mais ceux-ci peuvent aujourd'hui débattre leurs conditions, affirmer leurs prétentions, et ne sont plus obligés, comme autrefois, à baisser leur prix à l'envi les uns des autres, de manière à se contenter de ce qui est strictement nécessaire pour leur subsistance.

Ce résultat est dû à l'accumulation du capital. Le capital, ne pouvant produire par lui-même, est forcé d'avoir recours aux travailleurs, et la concurrence que se font les capitalistes entre eux permet à l'ouvrier d'élever ses prétentions. Le travail n'est plus comme autrefois donné en guise d'aumône : c'est une marchandise sans laquelle le capital reste improductif et se consomme à la longue ; c'est une marchandise qu'il doit payer au cours du marché, c'est-à-dire au prix débattu entre le vendeur et l'acheteur.

Sans doute, si tout le capital était dans une seule main ou dans peu de mains, comme c'était le cas pour la terre il y a un siècle, il pourrait encore dicter ses conditions ; les travailleurs seraient à sa merci. C'est ce qui a lieu dans les pays où l'État est propriétaire de tout le sol, c'est ce qui aurait lieu chez nous si une organisation communiste pouvait remplacer notre système social actuel. Mais, avec la division du capital dans un nombre infini de mains, chacun des détenteurs de ce capital, voulant le faire valoir pour qu'il ne s'évanouisse pas sans retour, offre de payer le plus cher qu'il peut pour obtenir l'aide du travail.

Nous ne disons pas qu'il n'y a point d'exceptions, mais un moment de réflexion suffira pour faire comprendre à tous que la situation du travailleur doit s'améliorer, d'une part, par la multiplication des sommes capitalisées ; d'autre part, par la réduction graduelle du nombre de ceux qui ne peuvent compter exclusivement que sur le produit d'un travail salarié pour se procurer les moyens de vivre. Il est bien entendu que cette réduction graduelle du nombre des salariés ne provient que du passage de ceux-ci dans la classe des petits capitalistes, des petits producteurs individuels, d'où ils finissent par s'élever au nombre des grands entrepreneurs.

La situation du travailleur s'améliore encore par la multiplication indéfinie des produits, et par l'abaissement relatif des dépenses et des charges.

L'emploi des machines a eu le double résultat de faire diminuer dans une très-forte mesure le prix de vente de tout ce qui se produit mécaniquement et d'accroître dans une énorme proportion la quantité des produits. De là suit que la part du travailleur dans tous ces produits doit être beaucoup plus grande que par le passé, car ce ne sont pas les produits destinés au riche que l'on a principalement obtenus des machines, ce sont surtout les produits destinés au plus grand nombre.

La réduction des dépenses et des charges est un fait qui découle naturellement et du bon marché des choses et de leur abondance.

Cependant il est un autre côté de la question qu'il nous importe de signaler.

Nous payons aujourd'hui trois fois plus d'impôts qu'avant 89 : le budget, de 700 millions, est passé à deux milliards et demi !

Mais si, pour peser le fardeau que nous avons à porter, nous mettons le chiffre du budget dans un des plateaux de la balance, n'avons-nous rien à mettre dans l'autre ?

Ne sommes-nous pas plus grands par la liberté, plus forts par l'égalité, plus nombreux enfin qu'en 1789?

Voyez ce que les machines ont ajouté de force à notre puissance de production !

Voyez ce que les routes, les canaux et les chemins de fer nous ont économisé de dur et fatigant travail !

Voyez ce que la science nous a donné de puissance et de richesse, ce que le savoir a économisé de dépenses supertitieuses !

Voyez les forces que le crédit a multipliées parmi nous, ce que nous avons économisé par la sécurité dont chacun a joui !

Voyez combien la liberté nous a ouvert de nouvelles voies de production !

Pour ne citer qu'un chiffre, le savant M. Perdonnet calculait, il y a une dizaine d'années, que les chemins de fer permettaient à la France d'économiser dix-huit cent millions par an de frais de transport. C'est juste la différence entre les derniers budgets de l'ancienne monarchie et ceux d'aujourd'hui.

« On peut toujours lever des tributs plus forts, « a dit Montesquieu, à proportion de la liberté des « sujets; et l'on est forcé de les modérer, à mesure « que la servitude augmente. »

L'illustre philosophe semble n'avoir pas compris que cette facilité d'augmenter les tributs dans les pays libres provient de la plus grande puissance de production que possèdent les hommes libres.

M. Guizot a dit un jour que la liberté coûtait toujours cher : il a oublié d'ajouter qu'elle rendait au centuple les sommes qu'elle coûtait.

C'est là une vérité que les hommes qui critiquent si volontiers le chiffre de nos budgets perdent souvent de vue.

Nous avons dit que c'est principalement à partir de 89 que le capital s'est rapidement accumulé; c'est ce qui explique le sentiment de respect et d'amour que l'on rencontre dans toutes les classes pour cette date régénératrice, car elle est le point de départ des innombrables et sérieuses améliorations que l'on peut constater dans la condition sociale de chacun de nous. Nous devons ajouter que c'est à partir de cette même époque, que le taux du salaire s'est élevé !

Mais depuis une trentaine d'années, grâce au perfectionnement des machines, à l'établissement des chemins de fer, aux découvertes de la science, la richesse du pays s'est développée plus rapidement et s'est répartie plus équitablement : ceux des travailleurs qui étaient parvenus alors à l'âge mûr peuvent se rappeler combien était modéré le taux des salaires vers 1830. Une hausse incontestable s'est effectuée dans les salaires de tous genres : salaires agricoles, salaires industriels, traitements, émoluments et gages, tout a haussé !

« Ma mère, simple paysanne, disait Proudhon, « nous racontait qu'avant 89 elle se louait l'hiver « pour filer le chanvre, recevant pour salaire de « six semaines de travail, avec sa nourriture, une « paire de sabots et un pain de seigle. »

Ce n'était déjà plus cela, il s'en faut de beaucoup, en 1830, et nous sommes aujourd'hui encore plus loin de cet état de misère et de privation.

Il n'est donc pas vrai de dire, comme le pensait Turgot, que, en tout genre de travail, « il doit

« arriver, et il arrive, en effet, que le salaire de
« l'ouvrier se borne à ce qui lui est nécessaire
« pour lui procurer sa subsistance. »

Si cela était vrai, il y a longtemps que les classes
travailleuses seraient disparues, rongées jusqu'à
extinction par le chancre du besoin. Mais l'expérience de tous les jours, l'amélioration incessante
du sort de tous, prouvent que c'est le contraire
qui est la vérité.

Qu'on le nie ou qu'on le reconnaisse, le capital
est le grand niveleur des temps modernes, et
disons-le à sa louange, il nivelle en élevant ceux
d'en bas, et non comme tous les fléaux destruc-
teurs, en abaissant ceux d'en haut. C'est le capital
qui a vaincu l'aristocratie anglaise et lui a fait
perdre peu à peu la prépondérance politique qu'elle
possédait depuis des siècles. C'est le capital
qui, en faisant la force et la puissance des États
du nord de l'Amérique, leur a permis de vaincre
la coalition des esclavagistes du Sud et a finalement
déterminé l'abolition de l'esclavage. C'est le capital qui élève progressivement la moyenne du
bien-être et de l'aisance parmi nous, en allant
multiplier les forces et féconder le travail de ceux

que de longs siècles d'oppression semblaient avoir condamné pour toujours à la dernière misère.

On ne conteste guère la hausse des salaires, dont nous venons de parler, mais on dit que cette hausse est neutralisée· par le renchérissement de toutes choses, que le milieu dans lequel l'ouvrier se trouve aujourd'hui l'oblige à de plus fortes dépenses, et qu'en somme il est tout aussi pauvre qu'auparavant.

On oublie, ce nous semble, que ce dernier argument prouve de la manière la plus évidente l'amélioration du sort du travailleur : il s'est élevé à mesure que s'est élevé le milieu dans lequel il se trouvait.

Mais est-il vrai de dire que la hausse des salaires est neutralisée par le renchérissement de toutes choses ? Sans doute certaines dépenses indispensables, obligatoires, se sont élevées parallèlement au salaire, mais le plus grand nombre des dépenses journalières, ou se sont maintenues aux anciens chiffres, ou ont diminué.

Au premier rang des dépenses indispensables se trouve l'achat du pain. Or, le prix du pain, si l'on prend des moyennes quinquennales, n'a

pas augmenté depuis l'année 1800. Nous ne remontons qu'à cette époque parce que l'on pourrait
contester les chiffres antérieurs ; mais nous avons
les relevés officiels très-exacts depuis cette année-là
jusqu'à nos jours, et tous ceux qui les ont étudiés
affirment et proclament la vérité de notre assertion.

M. le comte A. Hugo, ancien pair de France, a
fait, il y a quelques années, le relevé du prix
moyen du blé, depuis 1816 jusqu'à 1852 inclusivement ; la moyenne est de 19 fr. 47.

D'après M. Maurice Block, dans sa *Statistique
de la France* publiée en 1860, les moyennes
quinquennales du prix du blé, par hectolitre,
seraient comme suit depuis le commencement de
ce siècle.

De 1800 à 1804................	22 fr.	16
1805 à 1809................	17	73
1810 à 1814................	21	06
1815 à 1819................	25	42
1820 à 1824................	17	21
1825 à 1829................	18	88
1830 à 1834................	19	64
1835 à 1839................	18	53
1840 à 1844................	20	03
1845 à 1850................	20	96
1850 à 1854................	25	31
1855 à 1858................	24	62

A partir de 1858, nous prenons les chiffres dans les tableaux officiels. Voici les moyennes :

1859 à 1863................... 20   87
1864 à 1865................... 19   94

Ces chiffres nous semblent vider la question de manière à ce que nous ne soyons pas obligé d'y revenir : ils prouvent que depuis plus demi-siècle, en présence d'une hausse générale des salaires, le prix du pain n'a pas varié d'une façon sensible.

Nous n'ignorons pas que les agriculteurs retirent de plus grands revenus de leurs exploitations qu'autrefois ; mais cette augmentation de recettes ne vient pas de la hausse du prix du blé, elle procède exclusivement de la plus grande quantité de grain qu'ils savent retirer de leurs terres.

En 1815, la France produisait 50 millions d'hectolitres de blé, aujourd'hui elle en produit 100 millions, et dans les bonnes années 120 millions !

Ne trouve-t-on pas encore là une preuve irréfragable de l'amélioration du sort des travailleurs ? D'où sont venus les consommateurs qui ont acheté les 50 millions d'excédant de production, si ce n'est des rangs de ceux qui, il y a cinquante ans,

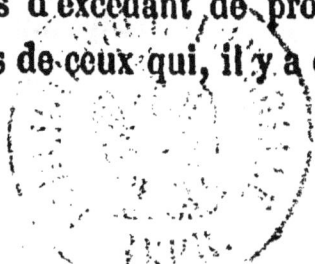

étaient trop pauvres pour se nourrir de pain de froment?

La dépense en pain n'est donc pas plus élevée qu'autrefois. Celle relative aux vêtements ne saurait l'être non plus, puisque le résultat bien connu de l'emploi des machines est la production à bas prix. Voyez ce que coûte une paire de bas, un chapeau, une douzaine d'assiettes, etc., auprès de ce qu'ils coûtaient il y a trente ou quarante ans.

Nous savons bien que le prix de la viande a augmenté, mais ce que nous savons aussi, c'est qu'il y a quarante ans et même moins, les ouvriers de la campagne ne mangeaient jamais de viande, ceux de la ville rarement, et que beaucoup de petits bourgeois s'en privaient pendant la plus grande partie de l'hiver. Reste le logement : sur ce chapitre l'augmentation est assez forte, nous le reconnaissons : dans les départements toutefois cette hausse a été moins prononcée qu'à Paris.

Nous devons donc le répéter, la raison et les faits condamnent la maxime de Turgot : ce qu'il y a de vrai, c'est que le salaire augmente à mesure que le capital s'accroît, et que plus le capital s'accroît, moins les profits des capitalistes sont élevés.

Quand la Banque de France n'a que 200 millions en caisse, le taux de l'escompte est à 7 ou 8 pour 100 : si elle possède un milliard ou 1,200 millions, son escompte n'est plus qu'à 3 ou 2 $^1/_2$ pour 100.

Les orateurs des diverses réunions dans lesquelles on a discuté la question de la légitimité do l'intérêt étaient certes fort loin de s'entendre sur les moyens à adopter pour remédier aux maux dont ils traçaient le sombre tableau, mais ils étaient tous d'accord pour condamner impitoyablement et irrévocablement la pérennité de l'intérêt.

Que de fois n'avons-nous pas entendu lire et relire la page éloquente dans laquelle Bastiat fait le contraste des souffrances du malheureux qui travaille du soir au matin, et du bien-être de celui qui vit de ses rentes, dans l'abondance et ne faisant rien !

Mais pas un de ceux qui faisaient cette citation ne s'avisait de lire le pamphlet jusqu'au bout : l'accusation suffisait, c'était à d'autres à présenter la justification.

Nous l'avons essayée, cette justification, et elle a

eu assez de succès pour que nous nous croyions autorisé à la reproduire ici.

En sortant de cette enceinte, avons-nous dit, nous avons rencontré l'autre soir un citoyen qui, chemin faisant, nous raconta qu'il fabriquait des couverts à salade. Notre première question eut pour but de lui demander combien on gagnait à ce travail.

— Quatre francs à quatre francs cinquante par jour, répondit-il ; mais moi, ajouta-t-il, je gagne vingt-quatre francs !

— Alors, vous êtes un ouvrier hors ligne, un artiste ?

— Nullement, mais j'avais économisé environ quinze cents francs ; j'ai épousé une jeune femme qui m'a apporté une dot de pareille somme, et avec nos trois mille francs, je me suis acheté une petite machine à vapeur, j'y ai adapté quelques outils de mon invention, et avec un peu d'aide de la part de ma femme, je fais six fois plus d'ouvrage.

— Je vois que vous comprenez toute l'aide que peut donner le capital : je suppose que vous lui faites sa part ?

— Sans aucun doute ; sur les vingt-quatre

francs que je gagne chaque jour, je prélève une
part que j'affecte à l'entretien de ma machine et
de mes outils, une autre part est mise de côté
pour renouveler ma machine quand elle sera usée,
car j'ai reconnu que l'entretien seul ne la ferait
pas durer toujours, puis, je veux être à même
d'en acheter une meilleure quand il s'en trouvera
une. Je fais encore une autre part, que je mets de
côté, pour que mes enfants puissent, eux aussi,
avoir l'aide d'un petit capital, et que ma femme et
moi, nous puissions nous reposer quand nous
serons vieux; et enfin le reste nous sert à vivre, et
je dois vous avouer que nous vivons mieux que
nous ne pourrions le faire, si tout d'abord je n'a-
vais pas fait les économies qui m'ont permis d'a-
cheter cette machine.

Cette conversation, qui n'est pas inventée à plaisir, car le fabricant de couverts à salade existe, et
travaille encore chaque jour avec l'aide de sa machine, fit un assez grand effet sur les auditeurs de
la Redoute. Un orateur socialiste ne trouva d'autre
moyen de faire échec à la bonne impression que
notre narration avait faite, que de dire que l'ouvrier aurait pu ne pas épargner, car il aurait ob-

tenu sa machine à crédit, le commerce ayant l'habitude de vendre à terme !

On aura de la peine à nous croire, nous le savons, mais, à notre grand étonnement, nous avons vu dans ces réunions que les socialistes dits les plus avancés en étaient encore à condamner l'épargne, l'économie, comme empêchant la circulation des capitaux et réduisant la somme du travail que peut trouver l'ouvrier !

L'orateur socialiste oubliait que, quand on vend à terme, on vend plus cher que si l'on vend au comptant, et que l'intérêt de la valeur de la chose vendue forme toujours partie intégrante du prix des ventes à terme.

Mais il restait à justifier la pérennité de l'intérêt, il restait à montrer que le capitaliste n'est pas un vampire qui s'engraisse de la sueur du travailleur.

« Supposons, ajoutâmes-nous, qu'il y ait dans
« cette réunion un ouvrier qui, lui aussi, fabrique
« des couverts à salade : supposons qu'il connaisse
« un capitaliste cherchant à placer trois mille francs
« et qu'allant le trouver, il lui dise ceci : Je ne gagne
« que quatre francs par jour, car je n'ai que quel-

« ques outils fort ordinaires : prêtez-moi vos trois
« mille francs, et je pourrai gagner 24 francs
« par jour, soit pour 300 journées de travail
« 7,200 francs, au lieu de 1,200. J'aurai donc un
« excédant de 6,000 francs dont il faudra déduire
« la dépense du combustible, l'entretien, etc. Sur
« ces 6,000 francs je vous payerai 150 francs
« chaque année pour loyer de votre capital.

« Après une année de travail je pourrais vous
« rembourser votre capital en entier, mais il peut
« survenir des accidents, des empêchements de
« diverse nature, et je préfère avoir deux ans
« devant moi : je vous rembourserai donc dans
« deux ans.

« Supposons encore que le capitaliste accepte ce
« marché et lui prête ses trois mille francs, est-ce
« qu'il est au monde un homme sensé qui puisse
« dire que, loin de rendre service à ce travailleur,
« le capitaliste l'exploite et s'engraisse de ses
« sueurs ? »

Sans doute, tous les emprunts que font les travailleurs ne leur sont pas aussi avantageux, mais
cela ne change pas la nature de l'opération, et
analysez chacun de ces emprunts, vous trouverez

toujours au point de départ un service demandé par l'emprunteur et rendu par le prêteur. Mais de ce que ce service n'a pas eu les heureuses conséquences que l'un et l'autre en attendaient, est-on en droit de condamner celui qui voulait le rendre ; est-on en droit de lui reprocher l'imprudence ou l'inhabileté, la faiblesse ou les malheurs de l'emprunteur ?

Tout en faisant voir sous son jour le plus vrai l'action bienfaisante du capital, les détails que nous venions de donner ne répondaient pas complétement aux déclamations haineuses que l'on avait proférées contre la perpétuité de l'intérêt, contre ces hommes qui vivent du produit de leur capital, contre ces familles dont le patrimoine permet à une longue suite de générations de vivre de leurs rentes, de leurs revenus.

« Chacun reconnaîtra, ajoutâmes-nous alors, « que le capitaliste aura rendu un immense service « au travailleur : il lui aura facilité le passage d'une « classe dans une autre, il l'aura fait sortir du « prolétariat pour compter parmi les producteurs « indépendants. Eh bien ! supposons maintenant « qu'un autre ouvrier, encouragé par le succès du

« premier, aille solliciter le capitaliste de lui prêter
« à son tour les trois mille francs qui viennent
« de lui être rendus, le capitaliste doit-il repous-
« ser sa demande sous prétexte qu'un nouveau
« louage serait immoral, et qu'il commettrait une
« infamie en exploitant ainsi les ouvriers ses frè-
« res ? N'est-il pas évident qu'un nouveau prêt se-
« rait un nouveau service rendu, et qu'après ce
« second, il pourrait y en avoir un troisième et
« ainsi de suite, jusqu'à ce qu'il n'y ait plus
« d'emprunteurs, c'est-à-dire d'hommes dans le
« besoin ?..... »

Mais il est encore un autre sophisme emprunté
à Proudhon, que les orateurs populaires des réunions n'ont pas manqué de présenter comme une
de ces vérités devant lesquelles chacun doit s'in-
cliner avec respect.

Voici ce que disait Proudhon dans une de ses
lettres à Bastiat.

« Par la fiction de la productivité du capital,
« et par les prérogatives sans nombre que s'arroge
« le monopoleur, il arrive toujours et nécessaire-
« ment l'une de ces deux choses : ou bien c'est le
« monopoleur qui enlève au salarié partie de son

« capital social. B,C,D,E,F,G,H,I,K,L, ont pro-
« duit dans l'année comme 10, et ils n'ont con-
« sommé que comme 9. En d'autres termes, le
« capitaliste a mangé un travailleur.

« En outre, par la capitalisation de l'intérêt, la
« position des travailleurss'aggravechaque année de
« plus en plus ; de telle sorte qu'en poussant la dé-
« monstration jusqu'au bout, on arrive, vers la sep-
« tième année, à trouver que tout l'apport primitif
« des travailleurs est passé, à titre d'intérêts et de
« bénéfices, entre les mains du propriétaire-capi-
« liste-entrepreneur, ce qui signifie que les tra-
« vailleurs salariés, s'ils voulaient payer leurs
« dettes, devraient travailler chaque septième an-
« née pour rien.

« Ou bien, c'est le travailleur qui, ne pouvant
« donner de son produit que le prix qu'il en a lui-
« même reçu, pousse le monopoleur à la baisse,
« et par conséquent le met à découvert de tout le
« montant des intérêts, loyers et bénéfices dont
« l'exercice de la propriété lui faisait un droit et
« une nécessité.

« On est donc amené à reconnaître que le crédit,
« dans le système de l'intérêt, a pour résultat

« inévitable la spoliation du travailleur, et, pour
« correctif non moins inévitable, la banqueroute
« de l'entrepreneur, la ruine du capitaliste pro-
« priétaire. L'intérêt est comme une épée à deux
« tranchants : de quelque côté qu'il frappe, il tue. »

Ce passage se trouve dans la onzième lettre de
la discussion avec Bastiat, quelques alinéa seulement avant cet aphorisme que nous avons déjà
cité : « Tout travail doit laisser un excédant. » Si
cet excédant existe, n'est-ce pas parce que B et
les autres, au lieu de produire comme 10, auront
produit comme 12, et qu'en prenant un pour sa
part, le capitaliste leur laisse onze?

Mais peu de mots suffisent pour renverser tout
cet échafaudage de haute fantaisie socialiste : il
n'y a là, au fond, que l'affirmation dont nous avons
déjà fait justice, que le travailleur a droit à tout
le produit de son travail. Si ceux qui acceptent ces
contradictions comme des révélations qui méritent
tout leur respect et commandent leur foi, voulaient
seulement réfléchir un instant et se demander si les
choses se passent réellement comme le prétend
Proudhon, ils seraient bien vite désabusés. N'est-
il pas évident que si, depuis des siècles qu'existent

l'intérêt, le profit, le loyer, le fermage, le monopoleur, comme on l'appelle, enlevait au travailleur une partie de son capital social, si, en d'autres
termes, et pour nous servir de ceux de Proudhon,
le capitaliste mangeait chaque jour ou chaque
année un travailleur, il y a longtemps, bien longtemps qu'il n'en resterait plus.

Les hommes ne se mangent pas entre eux, et
plus nombreux ils sont et plus ils se rendent mu-
tuellement service.

D'un autre côté, si le travailleur mettait le capitaliste à découvert, c'est-à-dire ne lui payait ni
intérêts, ni loyers, ni bénéfices et causait sa
ruine et sa banqueroute, ne résulterait-il pas de là
que la race des capitalistes-propriétaires-monopo-
leurs serait disparue depuis des siècles et qu'il
n'en serait plus question ?

La vérité est que Proudhon n'a pas compris ou
peut-être n'a pas voulu comprendre le rôle du capital dans la production. Et, cependant, il n'avait
qu'à regarder autour de lui pour voir ce que
l'homme peut faire quand il est aidé d'outils et de
machines, quand il est bien approvisionné de
matières premières et qu'il a tout ce qu'il lui faut

pour réparer ses forces! Et, cependant encore, il n'avait qu'à regarder autour de lui pour voir combien est impuissant l'homme qui n'a ni outils, ni instruments, ni matières premières, ni provisions !

Quand l'homme laboure la terre avec une bêche, il ne retourne guère que quelques mètres carrés ; s'il laboure avec une charrue il pourra probablement défoncer quelques hectares de terrain. Est-ce donc manger ces travailleurs que de dire à l'un et à l'autre, vous n'avez pas produit seuls la récolte que ces terrains ont donnée : cette terre avait déjà été travaillée, elle avait été fumée, desséchée, amendée ; il faut une part de récolte pour ces travaux antérieurs ; les outils ou instruments dont vous vous êtes servi ont contribué à grossir le produit de ces champs ; si vous niez l'action de l'outil, voyez plutôt l'écart qu'il y a entre vos deux récoltes ? La semence que l'on vous a donnée à jeter dans cette terre est bien aussi pour quelque chose dans le résultat obtenu, elle doit donc avoir aussi sa part. Bref, le produit doit être réparti entre le capital et le travail, et le capital doit avoir la plus grosse part, car, quoi que dise Proudhon de la fiction de la productivité du capital, c'est le capital qui produit le plus.

Et, en somme, qu'est-ce donc que le capital, sinon des travaux antérieurs non encore soldés et dont le payement se répartit sur un nombre indéfini d'années ?

L'erreur de ceux qui prétendent encore que le travailleur est exploité par le capitaliste, et qu'il y a antagonisme irréconciliable entre le capital et le travail, provient de ce qu'ils ne voient pas qu'à l'aide du capital le travailleur produit infiniment plus qu'il ne consomme. Il résulte de là que le travailleur n'a pas besoin de pouvoir racheter tout ce qui semble, à première vue, être son produit, nous ne dirons pas pour vivre, mais pour pouvoir améliorer sa position. La productivité du travail est si prodigieusement accrue par l'aide du capital, qu'il suffit souvent que le travailleur ait le dixième de son produit, et parfois qu'il en ait le centième ou le millième pour pouvoir s'élever dans l'échelle sociale.

Il y a même lieu de penser que le travailleur reçoit au delà de ce qu'il aurait produit s'il n'avait eu l'aide d'outils et de machines; et en outre, les produits étant infiniment plus nombreux, plus accessibles à tous, la part du produit qu'il obtient, sous forme de salaire, lui permet d'acquérir plus facilement les objets de première nécessité et de se procurer une foule de jouissances qui étaient inconnues à tous les travailleurs des temps passés.

Pour nier ces vérités, il faudrait nier que le marteau pilon fait plus d'ouvrage que pourraient en faire les deux ou trois hommes qui le font manœuvrer : il faudrait affirmer que le mécanicien, le chauffeur et le garde qui conduisent un convoi de chemin de fer ont droit à tout le produit du transport effectué !

Il faudrait dire, en un mot, que le progrès est une illusion ; que nous ne produisons pas plus qu'autrefois, que le monde n'est pas plus riche qu'il y a un siècle ou deux et que l'on peut répéter ce que disait La Bruyère, en parlant de nos paysans : « Ces hommes que l'on prend pour des « animaux farouches, mâles et femelles, n'ayant « d'humain que l'apparence, se retirant la nuit « dans des tanières où ils vivent de pain noir, de « racine et d'eau ! »

Il faudrait pouvoir dire comme Vauban et Bois-

guilbert: « Le dixième des habitants est à la men-
« dicité ; la moitié du reste n'a qu'à peine le néces-
« saire ; dans l'autre moitié les trois quarts sont
« mal à l'aise..... ! »

Ajoutons qu'au temps de Boisguilbert, le nécessaire était bien près de la misère d'aujourd'hui,
et que toutes les conditions, même les plus pauvres,
se sont simultanément élevées.

VI

Le Droit au profit.

Nous n'avons pas aujourd'hui à repousser les sophismes en vertu desquels on voulait faire inscrire le *droit au travail* dans la constitution républicaine de 1848. Les prétentions qui s'affichaient hautement, à cette époque, en faveur de ce droit, sont à peu près disparues : à peine en a-t-il été question dans les réunions publiques, à peine une ou deux affiches électorales l'ont-elles mentionné. La plupart de ceux qui couraient après le droit au travail, il y a vingt ans, ou ont reconnu leur erreur, ou se sont mis à courir après le droit à la terre, le droit à l'outillage : nous leur avons répondu dans les pages qui précèdent.

Mais, si le droit au travail a fait son temps, s'il n'en est plus question, nous avons encore en pleine action, en plein exercice le droit au profit.

Nous tenons à en parler ici, car s'il est quelque chose de dangereux dans un État, c'est que les classes instruites, les classes prépondérantes, appliquent à la satisfaction et à l'avancement de leurs intérêts personnels, des principes contraires à toute justice, à toute vérité et de la nature la plus subversive. Il arrive toujours un moment, où le mauvais exemple donné en haut veut être suivi en bas.

Sans doute, en appliquant, comme elles le font depuis nombre d'années, des principes erronés et dangereux, à favoriser outre mesure le développement de leurs intérêts particuliers, les classes dont nous parlons, sont honnêtement, foncièrement convaincues de leur droit, et ne voient ni l'injustice ni le danger de leurs prétentions. Aussi, nous ne leur en faisons pas un crime, nous venons seulement leur dire : cessez de faire des lois, cessez d'invoquer la force de l'autorité, pour vous garantir et vous assurer un profit illégitime aux dépens de vos concitoyens, ou vous verrez quelque jour, ceux dont le sort est certes beaucoup plus à plaindre que le vôtre, affirmer qu'ils ont des droits comme vous, et que, si vous avez besoin du droit au profit, ils ont besoin, les uns du droit au travail, les autres du droit à l'outillage, c'est-à-dire au sol.

Nous croyons fermement que le socialisme par en haut est infiniment plus dangereux que le socialisme par en bas, et nous entendons par socialisme tout système, toute orgarnisation qui, dans le but d'être favorable à quelques-uns, viole le droit de tous les autres.

Établi par les classes instruites, le socialisme est plus dangereux que quand il vient des classes moins éclairées, parce qu'il s'assied plus aisément, qu'il fonctionne assez facilement, qu'il se voile et se déguise, qu'il pervertit toutes les notions de droit et d'équité, là où elles devraient toujours dominer, et qu'il donne une apparence de prospérité des plus trompeuses. Cette prospérité ne peut être comparée qu'au calme glacial qui règne dans les cloîtres, autre invention socialiste, quand les passions les plus ardentes dévorent les malheureux qui ont cru trouver un refuge sous la bure contre leurs entraînements.

Puis ceux qui souffrent sont tentés par cet exemple de recourir à l'État pour qu'il porte remède à leurs misères : ils ont sous les yeux, ils rencontrent à chaque pas une organisation artificielle qui permet à tels et tels de réaliser de beaux et grands profits, et ils se demandent avec anxiété, s'il serait beaucoup plus difficile d'imaginer un système qui leur assurerait de quoi vivre, ou, ce qui serait préférable, leur donnerait aussi, à eux, les moyens de faire fortune ?

Et ce qu'il y a de fâcheux dans ce socialisme par en haut, c'est qu'il courtise volontiers une certaine popularité de mauvais aloi, c'est que, tout en profitant seuls de l'organisation qu'ils ont combinée, les maîtres ou patrons ne se font pas faute d'affirmer qu'ils l'ont imaginée dans l'intérêt du travailleur ! Comme si, en renchérissant le coût de tous les produits, on ne rétrécissait pas le marché, on ne diminuait pas le nombre des acheteurs, c'est-à-dire on ne réduisait pas la somme de travail à répartir entre les producteurs !

Mais voyons ce que M. Thiers disait du *droit au travail* en 1848, dans son volume sur la propriété.

« Il me reste une dernière invention à exa-
« miner, disait-il, celle-ci moins singulière, plus
« pratique, j'en conviens, mais aussi ne dissimu-
« lant point la prétention de puiser dans le trésor,
« pour certains favorisés, toujours les mêmes,
« ceux dont on se sert lorsqu'on veut exercer sur

« le gouvernement une contrainte quelconque,
« cette invention c'est le droit au travail, droit en
« vertu duquel tout individu qui se prétend sans
« ouvrage est fondé à en demander à l'État. »

N'est-il pas étrange que M. Thiers n'ait pas vu
que nous aussi nous pouvons dire : il nous reste
une dernière invention à examiner, celle-ci moins
singulière, plus pratique, nous en convenons, mais
aussi ne dissimulant point la prétention de puiser
dans la poche du consommateur, pour certains favorisés, toujours les mêmes, ceux qui depuis cinquante ans ont exercé sur le gouvernement une
certaine contrainte, cette invention c'est le droit
au profit, la protection, droit en vertu duquel tout
individu qui se prétend sans profit est fondé à
demander à l'État de lui en assurer une certaine
somme !

Pour montrer le peu de fondement des arguments sur lesquels on s'appuyait pour demander
le droit au travail, M. Thiers ajoutait :

« Pour s'entendre il n'y a qu'à remonter aux
« principes mêmes. Quel est le but que se propo-
« sent les hommes en se réunissant en société ?
« C'est de travailler les uns à côté des autres, sous

7.

« leur protection réciproque, en se défendant s'ils
« sont attaqués, en se prêtant secours si l'un expire
« de fatigue, de maladie ou de vieillesse au milieu
« du travail commun, en s'enseignant aussi à
« mieux faire par les exemples qu'ils se donnent ;
« mais je ne sache pas qu'ils aient mission de se
« trouver du travail les uns aux autres. »

Ne sommes-nous pas en droit de dire de notre
côté que nous ne voyons pas que les hommes
aient mission de se garantir des bénéfices les uns
aux autres.

« La protection, continuait M. Thiers, le secours
« mutuel, le perfectionnement, voilà le motif,
« l'avantage de la vie en société, voilà ce que
« l'homme ne rencontrerait pas dans l'isolement,
« voilà ce qu'il obtient du rapprochement avec ses
« semblables. Seul il serait dévoré par un animal
« plus fort, ou succomberait faute de secours dans
« les cas de maladie et de décrépitude. Seul il
« n'apprendrait jamais rien, et le savoir de l'un
« serait perdu pour l'autre. Mais chaque homme
« valide a mission de s'occuper de lui-même, de
« se chercher un emploi, et je ne sache pas que
« ce soit à la société de lui en trouver un. »

Encore ici ne pouvons-nous pas dire, chaque homme a mission de travailler pour gagner sa vie, améliorer sa position, ou, en termes mercantiles, réaliser des profits, mais ce n'est pas à la société, que nous sachions, à lui garantir cette réalisation.

« Elle le protége, ajoutait M. Thiers, dans « l'exercice de l'emploi trouvé ; elle peut lui ensei- « gner à s'en acquitter mieux, mais lui en cher- « cher un, le lui créer artificiellement, me semble « au delà de ses obligations, et surtout de ses pos- « sibilités. Il serait mieux, plus humain, me dira- « t-on, d'aller jusque-là, et d'assurer en tout « temps, à tout homme, les moyens de travailler. « Voulez-vous dire que la société devrait agir « comme ces associations qui cherchent des places « aux domestiques ou aux ouvriers sans emploi ? « Je vous comprends. Mais ces associations pro- « mettent leur bonne volonté seulement. Pourquoi « ne promettent-elles pas davantage ? Parce qu'elles « ne peuvent rien de plus. La société en est au « même degré de puissance. »

Pourquoi donc la société, outre qu'elle protége le fabricant dans l'exercice de son industrie, qu'elle lui enseigne à s'en acquitter mieux, va-t-elle, à son égard, au delà de ses obligations, au delà de ses possibilités? Sans doute, il serait mieux, il serait plus humain, d'assurer en tout temps et à tout homme un certain chiffre de bénéfices, mais nul ne peut songer à pareille impossibilité. Pourquoi donc faire choix de celui-ci ou de celui-là et déclarer que l'un sera autorisé à prélever sur les consommateurs, vingt pour cent, au delà du vrai prix de la chose, et que l'autre pourra aller jusqu'à quarante ou cinquante pour cent?

Est-ce là un des buts que se sont proposés les hommes en se réunissant en société ?

M. Thiers dit plus loin : « Le plus ordinairement, « l'homme réussit à s'employer lorsqu'il veut sin- « cèrement travailler. » Nous dirons de notre côté : le plus ordinairement, l'homme réussit à travailler à profit lorsqu'il le veut sincèrement. Et même, si cela n'était pas, serait-ce une raison pour que la la loi intervienne et garantisse des profits ? Mais cette garantie serait l'équivalent de la reconnaissance du droit au travail.

La société est comme les associations qui cherchent des places aux domestiques et aux ouvriers sans emploi : elle offre sa clientèle, clientèle qui donnera la préférence à celui qui produira le mieux et au meilleur marché. Mais elle ne peut rien de plus, sans accorder au fabricant le droit au travail, qu'elle refuse à l'ouvrier.

Il n'y a pas un argument de M. Thiers, contre le droit au travail qui ne s'applique de tous points au droit au profit, c'est-à-dire à la protection. On nous permettra donc de continuer nos citations pour que la démonstration soit complète.

« Pour arriver à s'en convaincre, dit M. Thiers « continuant, il n'y a que bien peu de réflexions à « faire. Quand le travail manquera-t-il ? Dans « certains cas, heureusement accidentels, dans les « cas de chômage. Le plus ordinairement, l'homme « réussit à s'employer, lorsqu'il veut sincèrement « travailler. Dans les champs, les alternatives d'ac- « tivité extrême ou d'inaction complète ne se pro- « duisent jamais. Vous ne verrez pas, dans l'agri- « culture, cent, deux cent mille ouvriers aux bras « desquels la terre se refusera tout à coup. Toutefois, « à la porte des villes, les ouvriers qui cultivent « des fruits ou des légumes, qui travaillent pour « procurer des jouissances raffinées au riche, pour-

« ront souffrir, eux aussi, d'une perturbation
« commerciale. Mais, dans l'agriculture, il n'y a
« pas de ces crises résultant de l'exagération de
« production, et il est bien rare qu'un homme qui
« a des bras ne trouve pas une ferme pour les
« employer. Il en est autrement, comme je l'ai
« déjà dit, dans les manufactures. Là, pendant un
« temps, il arrivera que les bras manqueront,
« qu'on se les disputera, qu'on les payera à des
« prix élevés, puisque l'exagération de la production
« faisant naître l'impossibilité de vendre, on s'ar-
« rêtera tout à coup, on cessera de produire, et que
« si l'ouvrier n'a pas été économe, il sera privé du
« nécessaire, et sera réduit aux plus cruelles extré-
« mités. Voilà les cas où le travail manque vérita-
« blement, et les seuls dont nous ayons à nous
« occuper. Il faut bien qu'il en soit ainsi, car, si le
« chômage était l'état ordinaire de la société, elle
« succomberait bientôt. Si, habituellement, il y
« avait un nombre de bras auxquels manqueraient
« les champs pour labourer, les métiers de tous
« genres pour tisser, forger, elle devrait périr. Ce
« serait le cas de cette invasion de la terre et des
« capitaux, dont il a été parlé ailleurs, et qui n'est

« qu'une fable; car, ordinairement, il y a de la
« terre non appropriée pour qui en veut, de la terre
« appropriée à meilleur marché que dans le passé,
« et des capitaux, instruments de travail, à plus bas
« prix qu'à aucune époque. Il y a, en un mot, sauf
« certaines exceptions, il y a du travail préparé
« pour les bras qui se présentent, non pas, cepen-
« dant, que je veuille dire que tous les solliciteurs
« qui désirent des emplois puissent en obtenir ;
« ceux-là, je n'y pense pas, quoiqu'ils soient fort
« partisans du droit au travail. Mais enfin je pose
« comme chose certaine, que le travail ne manque
« qu'accidentellement, seulement dans le cas de
« chômages, et que ces chomâges ont lieu, non pas
« dans les champs, mais dans les villes, non pas
« dans l'agriculture, mais dans les manufactures. »

Eh bien, nous demanderons à notre tour :
Quand le profit manquera-t-il? Dans certains cas,
heureusement rares, dans les cas de routine, ou
d'ignorance, ou de négligence, si on a établi une
industrie, à la légère, dans un pays éloigné des
débouchés, ou qui ne peut se procurer les matières
premières qu'à grands frais ; de routine, si on
persiste à employer des machines arriérées ou des

méthodes vieillies que les concurrents ont abandonnées depuis longtemps.

Le plus ordinairement l'industriel réussit, quand il ne s'attarde pas dans les procédés de fabrication.

Il en est de l'industrie comme du travail manuel : là, on voit souvent des chômages prolongés, ailleurs le travail continue presque sans interruption. Les industries de luxe, de fantaisie, comme celle des rubans de soie, ont des alternatives d'activité extrême ou d'inaction complète ; un souffle de la mode, et tous les bras travaillent ou se reposent. Toutefois il est des industries où les chômages sont inconnus, et il est bien rare qu'un industriel qui a des capitaux ne trouve pas à les employer fructueusement.

Dans certaines manufactures, il pourra arriver que des fabriques rivales s'élèveront, que l'on trouvera certains moyens de fabrication plus économique, que des concurrents produiront des articles plus beaux, et moins chers, et que de là, naîtra, pour quelques-uns, l'impossibilité de réaliser aucun bénéfice, et que, si le fabricant n'est pas intelligent, n'est pas à la hauteur des circonstances, il sera réduit aux plus cruelles extrémités. Voilà les cas où le profit manque véritablement, et les seuls dont nous ayons à nous occuper. Il faut bien qu'il en soit ainsi, car, si la perte était l'état ordinaire de la société, elle succomberait bientôt. Si, habituellement, il y avait un nombre de fabricants qui n'employassent que de vieux métiers, qui ne suivissent que des méthodes surannées, pour tisser, forger, etc., elle y devrait périr.

Donc, ajouterons-nous, la concurrence est une condition de progrès, et il importe de la laisser se produire d'où qu'elle vienne.

Ordinairement, il y a place pour tout le monde ; les marchés, les débouchés sont ouverts à tous ceux qui veulent en profiter, et ces marchés, ces débouchés, sont plus accessibles qu'ils ne l'ont jamais été. La consommation fait donc appel à tous ceux qui veulent produire, non pas cependant que nous voulions dire qu'il s'agit de fonder une usine pour réussir, il faut encore connaître la fabrication dont il s'agit et posséder des capitaux suffisants : ce n'a pas toujours été le cas de nombre d'industriels, grands partisans du droit au profit. Mais enfin nous posons, comme chose certaine, que le profit ne manque qu'accidentellement, seulement dans le cas de routine, et que la routine fleurit et triomphe dans les industries protégées.

Parlant toujours du droit que les ouvriers prétendaient avoir à la garantie d'un travail continu, M. Thiers dit ensuite : « Que signifie ce fait acci- « dentel qui se produit dans les manufactures, et « que j'appelle chômage ? Il signifie que, dans le « moment où il se produit, la société n'a pas be- « soin de fer, de machines, de tissus de coton, de « draps, d'étoffes de soie, de châles de cache- « mire, etc., parce qu'elle en a trop fabriqué. « Eh bien, voulez-vous que l'État se fasse, tout « juste, pour ce moment, fabricant de fer, de tis- « sus de coton, de draps, d'étoffes de soie, ou de « châles de cachemire ? Le voulez-vous, oui ou « non ? Toute la question est là et point ailleurs. »

Tout cela est parfaitement vrai et parfaitement dit, mais comment se fait-il que parce que des fabricants de fer, de machines, de tissus de coton, de draps, d'étoffes de soie, de châles de cachemire, etc., ne peuvent fabriquer à aussi bon marché ou aussi bien que quelques autres, M. Thiers et les protectionnistes veulent obliger les consommateurs de fer, de tissus de coton, de draps, d'étoffes de soie, ou de châles de cachemire, à donner à ces fabricants, un supplément de prix pour leur permettre de continuer à fabriquer moins bien et plus cher ?

Est-ce là le but que se proposent les hommes en se réunissant en société ? Mais il nous importe de dire quelques mots du chômage, dont M. Thiers parle si souvent. Sans doute, comme il le dit, c'est un fait accidentel, mais n'avons-nous pas reconnu que « dans les champs, les alternatives d'activité extrême ou d'inaction complète ne se produisent jamais ? Vous ne verrez pas dans l'agriculture, a dit M. Thiers, cent, deux cent mille ouvriers aux bras desquels la terre se refusera tout à coup. »

Si nous nous demandons quelle peut être la cause de cette différence entre le travail agricole et le travail manufacturier, ne reconnaîtrons-nous pas qu'elle se trouve dans ce fait que le travailleur agricole produit pour tous, sans exception, que les demandes ne lui font jamais défaut, tandis que le travailleur manufacturier n'a jamais qu'un marché restreint, un marché qui, par conséquent, peut être facilement encombré. Or pourquoi ne pas nous ouvrir les débouchés du monde entier, en achetant nous-mêmes sur tous les marchés du monde ? Nul ne peut être vendeur que s'il est acheteur, ne fermons donc pas nos frontières aux produits des autres si nous voulons avoir les autres pour acheteurs et clients.

« Je comprends dans le communisme, continue
« M. Thiers, l'État exerçant toutes les professions
« à la fois. Mais, hors du communisme, vous figu-
« rez-vous l'État fabricant des souliers, des cha-
« peaux, de la quincaillerie, des objets de modes ?
« En fabriquerait-il habituellement? En fabrique-
« rait-il accidentellement? Habituellement ce serait
« contre nature, car, outre qu'il ferait ce qui ne lui
« convient pas, ce qu'il est impossible qu'il sache
« faire, il créerait la plus redoutable concurrence à
« l'industrie privée, et la ruinerait ou serait ruiné
« par elle. Accidentellement, ce serait encore pis.
« Vous figurez-vous l'État élevant à la hâte des fa-
« briques de tous genres, et essayant pendant une
« année ou deux d'exercer tous les métiers à la fois,
« pour les abandonner ensuite? Outre qu'il s'en
« acquitterait fort mal, d'abord par sa nature qui
« ne s'y prêterait pas, ensuite par l'insuffisance de
« son savoir qui serait tout récent, il susciterait à

« l'industrie une concurrence encore plus dange-
« reuse que celle qu'il lui opposerait en fabriquant
« d'une manière constante et permanente. Il em-
« pêcherait, en effet, le seul bien de ces funestes
« chômages, qui est, en suspendant la production,
« de débarrasser les marchés du trop-plein dont
« ils sont encombrés. Le chômage signifiait que
« la production devait s'arrêter, parce qu'elle
« avait été excessive, et elle continuerait par les
« mains de l'État, maladroitement, chèrement,
« inopportunément. Le remède serait donc non-
« seulement mauvais, mais inopportun au plus
« haut point. »

Reprenons cet argument, dont nous reconnaissons le bien fondé, et voyons s'il ne s'applique pas
de tous points au droit au profit.

Comme M. Thiers, nous comprenons dans le
communisme l'État exerçant toutes les professions à la fois, mais, hors du communisme, nous
ne le comprenons pas, garantissant à tous des bénéfices.

Hors du communisme vous figurez-vous l'État
assurant aux cordonniers, aux chapeliers, aux
fabricants d'articles de quincaillerie ou d'objets

de modes, qu'ils pourront retirer 10, 15 ou 20 pour 100 des fonds qu'ils ont mis dans leurs industries ?

Donnerait-il cette garantie habituellement ? La donnerait-il accidentellement ? Habituellement, ce serait contre nature, et contre toute justice, car, outre qu'il ferait ce qui ne lui convient pas, car tel n'est pas le but que se proposent les hommes en se réunissant en société ; outre qu'il est impossible qu'il puisse garantir un bénéfice à tous les fabricants, il créerait le plus redoutable obstacle à la consommation, et enlèverait à un certain nombre de citoyens la possibilité de se procurer ce dont ils ont besoin, en faisant monter les produits à un prix qui dépasserait leurs moyens d'achats. Accidentellement, ce serait encore pis. Vous figurez-vous l'État légiférant à la hâte pour protéger des fabriques de tous genres, et essayant pendant une année ou deux de faire vivre des usines, à l'abri de droits protecteurs, pour les abandonner ensuite ? Outre qu'il s'acquitterait fort mal de cette mission, d'abord par sa nature qui ne s'y prête pas, car là n'est pas le but que se proposent les hommes en se réunissant en société, ensuite par

l'insuffisance de son savoir qui ne peut être universel, il susciterait à la consommation des obstacles encore plus sérieux que ceux qui résulteraient
d'une protection constante et permanente.

Il empêcherait en effet le bien que produit la
concurrence, qui est, en forçant la routine à disparaître, de maintenir la production dans la voie du
progrès, et de l'obliger à adopter les meilleures
machines et les meilleures méthodes. Les pertes
que les producteurs éprouvent de temps en temps
dans un marché libre, signifient que leur travail
est arriéré, qu'il n'a pas progressé comme chez
les travailleurs intelligents, qu'il est routinier, et,
avec la protection, le travail se continue, maladroitement, chèrement, inopportunément. L'intervention de l'État est donc non-seulement mau-
vaise, mais inopportune au plus haut point.

Continuons ces rapprochements qui nous semblent ne pas manquer d'intérêt, ni d'actualité.

« Non, non, me dira-t-on, ajoute encore
« M. Thiers, c'est une exagération de l'idée que
« vous combattez ; ce n'est pas l'idée elle-même,
« dans sa simplicité et sa justesse. On ne peut pas
« vouloir que l'État devienne quincaillier, orfé-

« vre, tisseur de soie, fabricant de meubles. Mais,
« quand il aura des colonies agricoles en Breta-
« gne ou en Algérie, des travaux de terrassement
« enfin, préparés sur diverses parties du territoire,
« il aura rempli ses obligations.

« A cela, je répondrai qu'on ne parle pas sé-
« rieusement, ou qu'on parle sans avoir consulté
« les ateliers nationaux. Quoi, vous reconnaissez le
« droit, et après l'avoir reconnu vous y satisfaites
« de la sorte ? Des travaux de terrassement, à
« aucune époque on n'en a refusé, et jamais, avec
« un peu de prévoyance, l'État ne doit en manquer.
« Mais pouvez-vous offrir une pioche à des gens
« qui tenaient une navette ou un burin ? Ils vous
« diront que c'est une cruauté, et c'en est une, en
« effet. Ceux qui sont honnêtes, s'ils veulent es-
« sayer de manier la pioche et la bêche, ont bien-
« tôt les mains en sang, le dos brisé, sont malades,
« épuisés ; et, si le travail est donné à la tâche,
« comme on l'avait essayé à Paris dans les der-
« niers jours de l'existence des ateliers nationaux,
« ils gagnent à peine de quoi manger un morceau
« de pain, tandis qu'à côté d'eux un manouvrier
« de profession peut gagner huit à dix francs par

« jour. Alors qu'arrive-t-il ? Un sentiment d'hu-
« manité s'empare des surveillants, on paye ces ou-
« vriers pour ne rien faire, et ce secours qu'on
« repousse en leur nom avec tant d'orgueil, ils se
« le procurent par un mensonge. Au lieu d'une
« aumône c'est une fraude. Or il est encore moins
« déshonorant de recevoir une aumône de l'État
« que de commettre une infidélité, c'est-à-dire de
« se faire payer un salaire pour un ouvrage qu'on
« n'exécute pas. Ce n'est pas tout : je parle de
« terrassements à Paris, mais offrez-les en Breta-
« gne ou dans les Landes, et vous verrez si on les
« acceptera. On prendra les armes pour ne pas
« quitter Paris, et je ne fais pas ici une vaine sup-
« position. Les malheureuses journées de Juin ont
« eu lieu justement à la nouvelle du départ forcé
« des ouvriers des ateliers nationaux. »

Reprenant tout ce raisonnement, ne pouvons
nous pas dire que les socialistes-protectionnistes
conviennent que l'État ne peut pas donner des
primes aux quincailliers, aux orfévres, aux tisseurs
de soie, aux fabricants de meubles. Mais, par
exemple, s'il a des colonies dans l'océan Atlantique ou dans l'océan Indien, et que le commerce

8

de ces colonies soit réservé, jusqu'à la prohibition, à l'industrie de la mère patrie, il aura rempli ses obligations. A cela nous répondrons qu'on ne parle pas sérieusement, ou qu'on parle sans savoir comment les choses se passent dans un système protecteur bien organisé! Quoi, vous reconnaissez le droit au profit, et après l'avoir reconnu vous y satisfaites de la sorte? Des colonies, à toutes les époques on en a fondé, et jamais, avec un peu de bonne volonté, l'État ne doit en manquer. Mais à quoi sert d'offrir un goujon à qui pourrait avaler une baleine? Vous donnez des colonies à votre industrie et à votre marine; à cette dernière il faut encore donner les pêches! Cela suffit-il? Non, il lui faut encore des primes d'importation et des primes d'exportation! Et, avec tout cela, le poisson est plus cher, et la pêche n'augmente pas, et l'huile ferait complétement défaut si les étrangers ne nous en apportaient, car la pêche de la baleine disparaît totalement!

Eh bien, franchement croyez-vous que vos colons auraient joui de moins de bien-être, s'ils avaient pu acheter tout ce dont ils ont besoin, là où ils le trouvaient à plus bas prix, et s'ils avaient

pu vendre leurs produits là où ils auraient pu trouver les plus hauts prix !

Pensez-vous que votre commerce ne se serait
pas développé plus vite, si vous ne l'aviez pas encouragé à tourner tous ses efforts vers deux îlots
grands comme un canton de superficie modérée ?
Pensez-vous que votre population la plus malheureuse n'aurait pas pu se procurer du poisson en
plus grande abondance si ceux qui le pêchent au
plus bas prix avaient pu alimenter nos marchés ?

« Les droits sont ou ne sont pas, reprend
« M. Thiers : s'ils sont, ils entraînent des consé-
« quences absolues. Si l'ouvrier a droit à ce que
« l'État lui fournisse du travail, ce doit être un
« travail conforme à ses habitudes, à son genre de
« vie, à ses talents, un travail qui ne l'exténue
« pas, qui ne le rende pas impropre à son métier,
« un travail surtout qui ne l'oblige pas à s'expa-
« trier, qui ne le sépare pas de sa famille, qui ne
« fasse pas de sa femme une veuve, de ses enfants
« des orphelins. Il faut qu'il trouve, en s'adres-
« sant au gouvernement, un atelier tout prêt à le
« recevoir, une filature, une forge, un métier à
« soie, une boutique de chapelier, etc..... Le

« droit n'est pas, ou il entraîne ces conséquences,
« car, je le répète, mettre une pioche dans les
« mains d'un ouvrier en soie n'est pas l'accomplis-
« sement d'un droit, mais une cruauté : cet ou-
« vrier, s'il la prend, la laisse de côté, ne s'en sert
« point, et trompe l'État. Encore un coup, c'est se
« placer dans la nécessité d'être cruel soi-même,
« ou de faire l'ouvrier un malhonnête homme. Je
« ne comprends pas un droit qui aurait de tels
« résultats. »

Nous disons, comme M. Thiers, les droits sont
ou ne sont pas : s'ils sont, ils entraînent des conséquences absolues. Si l'industrie a droit à ce que
l'État lui garantisse un certain profit, tous les industriels, tous les producteurs, de quoi que ce soit,
doivent voir leurs bénéfices assurés par l'État ; le
consommateur n'a pas le droit de se procurer le
moindre vêtement, le moindre abri, la moindre
nourriture, hors du rayon de nos frontières. Mais
ce n'est pas tout, l'intelligence, le savoir, le génie
étranger doivent être prohibés, et nous devons repousser les découvertes de Newton jusqu'à ce que
nos savants les aient rencontrées dans leurs recherches. Et si les droits ont des conséquences abso-

lues, le filateur de Rouen doit être protégé contre
le filateur des Vosges, l'armateur du Havre ne
doit pas être exposé à la concurrence du navire
de Marseille ou de Bordeaux, et les grains du nord
ne doivent pas aller inonder le midi ; le gaz ne
peut pas éteindre l'huile ; le chemin de fer ne doit
ni tuer la malle-poste ni ruiner la patache. Il faut
qu'en s'adressant au gouvernement, celui qui veut
cultiver du café, du cacao ou du girofle, aussi bien
que celui qui veut filer du coton ou fabriquer du fer,
puisse trouver une protection suffisante pour que
ses serres chaudes lui donnent un travail rému-
nérateur...

Le droit n'est pas, ou il entraîne ces conséquences, car nous le répétons, où serait la justice
si ce droit n'était applicable qu'aux fabricants de
fer et aux filateurs de coton? Encore un coup, c'est
s'enfermer dans un dilemme où l'on est entre une
injustice, l'arbitraire et une impossibilité. Les
gouvernements ont toujours mieux aimé être in-
justes qu'être absurbes : ils se sont contentés de
protéger un certain nombre de producteurs, et
ont laissé les autres se tirer d'affaires comme ils
pourraient.

8.

Mais continuons d'appliquer au droit au profit les raisonnements de M. Thiers, car il faut en finir avec cette source empoisonnée de socialisme. « Il « y a plus, dit-il, si le droit est, il est à tous instants. « Il est entier, aujourd'hui, hier, demain, après- « demain, en été comme en hiver, non pas quand « il vous plaira de le déclarer en vigueur, mais « quand il plaira à l'ouvrier de l'invoquer. Eh bien ! « comment ferez-vous, s'il convient à quelques « ouvriers de quitter leur maître parce qu'il ne les « paye pas à leur gré, ou parce qu'il exige telle « condition qui n'est pas de leur goût, et de venir « vous demander du travail ? Vous serez dès lors « les complices obligés de toutes les grèves, de tou- « tes les violences essayées envers les maîtres, pour « les contraindre à élever les salaires. Si le droit « est un vrai droit, non une flatterie écrite dans une « loi pour n'y plus penser ensuite, mais un droit « sérieusement reconnu, et efficacement accordé, « vous fournirez à tous les ouvriers un moyen de « ruiner l'industrie par l'élévation factice des « salaires. Serait-ce là une vaine supposition ? « Mais les ateliers fourniraient encore la réponse. « Beaucoup de fabricants de Paris avaient des

« commandes qu'ils ne pouvaient pas exécuter,
« parce que leurs ouvriers ne voulaient pas travail-
« ler pour eux. Il y a telle partie d'équipement
« dont le ministre de la guerre avait un besoin ur-
« gent, et qu'il n'a pu faire confectionner que fort
« tard, à cause des ateliers nationaux qui procu-
« raient aux ouvriers paresseux ou mécontents des
« vacances payées. Mais, direz-vous, nous saurons
« discerner si le droit invoqué l'est à propos ou
« non. Eh quoi ! est-ce là le caractère d'un vrai
« droit? Quand il s'agit de liberté individuelle,
« de la liberté de la presse, dépend-il du pouvoir
« de dire : Je vous l'accorde aujourd'hui, je la re-
« fuse demain? C'est ainsi dans l'état de siége,
« mais dans l'état de siége, il n'y a plus de droit.
« Dans l'état ordinaire laisse-t-on le droit dépendre
« de l'arbitrage du pouvoir qui serait autorisé à
« dire : il y a lieu d'exercer le droit aujourd'hui et
« demain, ou bien demain et point aujourd'hui ? »

Si nous ne nous trompons, toute cette augmentation, dont nous sommes loin de nier la justesse
et la puissance, s'applique de la manière la plus
logique et la plus vraie au droit au profit.

Si le droit est, a dit M. Thiers, il est à tous les

instants, il est entier, aujourd'hui, hier, demain, après-demain, en été comme en hiver. Non pas quand il vous plaira de le déclarer en vigueur, mais quand il plaira à l'industriel de l'invoquer. Eh bien ! comment ferez-vous, s'il convient à quelques fabricants de vous demander ou de nouveaux droits protecteurs, ou d'élever ceux qui existent, parce qu'ayant été négligents, imprévoyants, maladroits, ils auront subi des pertes au lieu d'avoir réalisé des bénéfices ? Vous serez dès lors les complices de tous les faux comptes de revient, de tous les faux états de situation établis par les industriels, pour justifier leurs demandes de protection. Si le droit est un vrai droit, non un privilége écrit dans la loi seulement pour quelques-uns, mais un droit sérieusement reconnu et efficacecement accordé, vous fournirez à tous les fabricants les moyens de s'enrichir scandaleusement, aux dépens des consommateurs, et vous ruinerez une grande partie de l'industrie par l'élévation factice du prix des matières et objets qu'elle emploie. Serait-ce là une vaine supposition ? Mais au temps de la protection à outrance, la preuve en a été faite cent fois. Combien d'ingénieurs et d'usines avaient des commandes de ponts, de machines, de grues, etc., en fer, qu'ils ne pouvaient pas exécuter, parce que la protéction renchérissait outre mesure leur matière première. Mais, direz-vous, nous saurons discerner si le droit invoqué l'est à propos ou non. Eh quoi ! Est-ce là le caractère d'un vrai droit ?... Dans l'état ordinaire, laisse-t-on le droit dépendre de l'arbitrage du pouvoir qui serait autorisé à dire : Il y a lieu d'exercer le droit en faveur de celui-ci et non de celui-là, ou bien celui-ci sera protégé à raison de 20 pour 100, pour cet autre nous irons jusqu'à la prohibition ?

« Et d'où vient, continue M. Thiers, cette mal-« heureuse contradiction entre le principe que vous « voulez poser, et l'application de ce même prin-« cipe ? C'est que vous avez abusé du mot pour « donner aux choses un caractère faux et forcé, « c'est que vous avez appelé droit ce qui n'en est « pas un, et que vous prétendez convertir en obli-« gation absolue, ce qui est, et doit rester, de la « part du pouvoir, un simple acte de bonne volonté. « Si vous aviez droit au travail, à votre droit de-« vrait répondre, de la part de l'État, l'obligation « positive, formelle, inéludable, de vous fournir

« un travail conforme à vos habitudes, à vos for-
« ces, à vos talents. Je ne veux pas railler en ma-
« tière si grave, mais comme il n'y a pas de limite
« tracée entre les travailleurs, qu'on ne peut pas
« prétendre que le droit qui existe pour une classe
« n'existe pas pour l'autre, car, s'il y avait des droits
« de classe, on reconnaîtrait à l'instant même une
« étrange aristocratie, je vous dirai que le droit
« au travail existe pour les médecins sans malades,
« les avocats sans causes, les écrivains sans lec-
« teurs, comme pour les ouvriers eux-mêmes, que
« le droit enfin existe ou n'existe pas, et que vous
« devez de l'emploi à tous ou que vous n'en devez
« à personne. Oui, si vous êtes conséquents, vous
« devez de l'emploi à tous. Et alors apercevez-vous
« les suites? Préparez donc des places pour tous
« ces ouvriers de la pensée, comme ils s'appellent,
« et si le droit au travail est un vrai droit, cédez-
« leur vos places, ou partagez avec eux celles que
« vous avez, car, je le répète, le droit de la liberté
« individuelle, de la liberté de la presse est absolu,
« et à l'usage de tous. L'ouvrier qui veut écrire le
« peut comme celui que vous qualifiez du titre de
« bourgeois. Pourquoi donc le droit au travail serait-

«il, par exception, le privilége d'une seule classe
« de travailleurs?»

Et nous dirons à notre tour à M. Thiers, d'où
vient cette malheureuse contradiction entre les
principes que vous posez si bien, à l'occasion du
droit au travail, et de l'application que vous en
faite aux fabricants? C'est que vous avez abusé
d'un mot pour donner aux choses un caractère
faux et forcé, c'est que vous avez appelé protection
ce qui est une spoliation, et que vous prétendez
convertir en obligation absolue, ce qui est, et doit
rester de la part du consommateur un simple acte
de bonne volonté. Si vous aviez droit au profit, à
votre droit devrait répondre, de la part de l'État,
l'obligation positive, formelle, inéludable, de vous
fournir des clients, des consommateurs qui achète-
raient vos produits aux prix que vous fixeriez vous-
même. Pas plus que M. Thiers nous ne voudrions
railler en matière si grave, mais comme il n'y a
pas de limite tracée entre les producteurs, qu'on
ne peut pas prétendre que le droit qui existe pour
une classe n'existe pas pour l'autre, car, s'il y avait
des droits de classe, on reconnaîtrait, à l'instant
même, une étrange aristocratie, nous vous dirons

que le droit au profit existe pour les médecins sans malades, les avocats sans causes, les écrivains sans lecteurs, les professeurs sans auditeurs, les banquiers sans clients, les ingénieurs sans travaux, comme pour les industriels eux-mêmes, et que, si ces derniers ont le droit de demander que les produits étrangers ne viennent pas leur faire concurrence, les premiers peuvent réclamer l'application du droit, si on admet des professeurs étrangers dans nos chaires, si des banquiers de toute nation peuvent venir s'établir parmi nous, si des ingénieurs cosmopolites viennent diriger nos travaux. Est-ce que nos navigateurs ne sont pas protégés par la prohibition qui repousse de nos bâtiments tout capitaine étranger : car le droit enfin existe ou n'existe pas et vous devez la protection à tous ou vous ne la devez à personne. Oui, si vous êtes conséquents, vous devez la protection ou le droit au profit à tous. Et alors, apercevez-vous les suites ? Préparez-donc des trésors pour tous ces ouvriers de la pensée, comme ils s'appellent, et, si le droit au profit est un vrai droit, cédez-leur ou partagez avec eux ce que vous avez, car, nous le répétons, le droit de la liberté individuelle, de la

liberté de la presse est absolu et à l'usage de tous.
L'ouvrier qui veut écrire, le peut comme celui que
vous qualifiez du titre de *bourgeois.* Pourquoi
donc le droit au profit serait-il, par exception, le
privilége de quelques industriels seulement?

« Vous n'avez ici, dit alors M. Thiers, qu'une
« réponse raisonnable, et que je me hâte d'accepter
« comme excellente, c'est que vous ne pouvez pas
« ce qu'on exige de vous, c'est que vous ne pouvez
« donner des places à tous ceux qui en demandent,
« que vous ne pouvez faire du gouvernement un
« quincaillier, un marchand de modes, un fabricant
« de meubles, un décorateur d'appartements, pas
« plus qu'une collection d'emplois toujours prêts
« pour qui en voudrait, que l'imaginer serait de la
« folie, en un mot, qu'à l'impossible nul n'est
« tenu, pas même l'État, que par conséquent il n'y
« a pas obligation absolue, mais seulement conve-
« nance, urgence de faire le mieux qu'on pourra.
« Où cela nous conduit-il? A dire qu'il y a lieu, non
« plus de proclamer un droit, mais d'invoquer for-
« tement la bienfaisance de l'État, de lui imposer
« le devoir d'employer tous ses moyens pour venir
« au secours des ouvriers sans travail. En parlant

« ainsi tout devient vrai et simple ; tous les dan-
« gers cessent ; tous les abus que les partis peuvent
« faire d'une déclaration insensée disparaissent.
« L'État ne prend pas l'engagement de tenter l'im-
« possible, d'appointer deux cent mille bras aux
« ordres des factions, de fournir à tous les ouvriers
« le moyen d'interrompre à leur gré les travaux de
« l'industrie, et d'élever les salaires à leur volonté,
« car n'étant obligé qu'à soulager des misères, il a
« le droit de distinguer entre la misère vraie et la
« misère feinte, entre le malheur intéressant, digne
« des secours du pays, et le malheur factieux. Il n'est
« plus en présence d'un droit, mais de ce qu'il y a de
« plus respectable au monde, de l'humanité souf-
« frante, à qui on doit tout, tout, excepté l'impossible,
« excepté la violation des principes sur lesquels la
« société repose. Et si l'on répète encore que c'est
« l'aumône qu'on offre, je répondrai toujours
« que ce n'est pas l'aumône, mais la bienfaisance,
« laquelle ne fut jamais une offense, quand elle est
« accordée par quelqu'un qui est presque aussi
« au-dessus de nous que la Providence elle-même,
« c'est-à-dire par l'État, et accordée à des hommes
« vraiment malheureux, malheureux non par leur

« faute, mais par celle des événements. Je répon-
« drai que saint Vincent de Paul ne passa jamais
« pour avoir outragé l'humanité, et qu'enfin ce
« qu'on ne veut pas accepter à titre de secours,
« mais à titre de salaire après l'avoir gagné, on ne
« le gagnerait pas la pioche à la main, on le tou-
« cherait sans l'avoir gagné, ce qui serait un acte
« beaucoup moins honorable que de recevoir un
« secours. »

Nous dirons comme M. Thiers, si le gouvernement ne protége pas tout le monde, il n'a qu'une
réponse honorable, et que nous nous hâtons d'accepter comme excellente, c'est qu'il ne peut pas
faire ce qu'on exige de lui, c'est qu'on ne peut
protéger tous ceux qui devraient l'être, si le principe est vrai, si le droit existe. Vous ne pouvez
faire que le gouvernement protége le quincaillier,
le marchand de modes, le marchand de meubles,
le banquier, l'ingénieur, le professeur, l'artiste
et cette foule immense de travailleurs qui ne font
pas de fer, ne filent ni du coton ni de la laine,
et ne construisent pas des navires. A l'impossible
nul n'est tenu, dit M. Thiers, pas même l'État, et
il ajoute que, par conséquent, il n'y a pas obligation

absolue, mais seulement convenance, urgence de
faire le mieux qu'on pourra. Nous ne voulons pas
rechercher si réellement il y a urgence de faire le
mieux qu'on pourra dans la question du droit au
travail, mais nous soutenons que, dans celle du droit
au profit, l'État méconnaît tous ses devoirs et em-
piète sur les droits des citoyens, quand il intervient
en quoi que ce soit. Non, l'État n'a pas le devoir
d'employer tous ses moyens pour venir au secours
des industries mal conçues, mal conduites, et cherchant leur point d'appui dans les monopoles et les
priviléges. En s'abstenant de toute immixtion dans
les intérêts privés, tout devient vrai et simple ;
tous les dangers cessent ; tous les abus que les uns
ou les autres peuvent faire de situations fausses
ou de comptes de revient erronés disparaissent.
L'État ne prend pas l'engagement de tenter l'impossible, d'obliger tous les consommateurs à payer
des redevances indues, d'appointer trente ou quarante mille douaniers aux ordres des industriels,
de fournir à tous les fabricants le moyen de ran-
çonner à leur gré les acheteurs de n'importe quoi,
et d'élever leurs profits à volonté, car, n'étant obligé
qu'à maintenir l'ordre et la sécurité, qu'à protéger

la liberté individuelle et à assurer la jouissance de
la propriété, il a le droit de distinguer entre les
réclamations égoïstement individuelles et celles
qui n'ont d'autre cause que la revendication des
droits imprescriptibles communs à tous.

« Cela établi, reprend alors M. Thiers, l'État
« devra s'ingénier pour trouver des moyens, afin
« de parer à ces cruels chômages. Il ne pourra pas
« tout ce qu'on lui demandera, mais avec de la
« prévoyance il pourra quelque chose, et même
« beaucoup, car l'État n'a pas moins que des mu-
« railles, des machines, des vaisseaux, des cor-
« dages, des fusils, des canons, des voitures, des
« harnais, des souliers, des habits, des chapeaux,
« du drap, de la toile, des palais, des églises à
« exécuter ; et une administration habile, qui ré-
« serverait ces travaux divers pour les temps de
« chômage, qui, pour certaines fabrications, telles
« que machines, armes, voitures, draps, toiles,
« aurait des établissements susceptibles de s'é-
« tendre ou de se restreindre à volonté, qui, pour
« les places fortes ou les palais à construire, aurait
« ses devis préparés, et les tiendrait prêts pour le
« moment où l'industrie privée interromprait ses

« travaux, qui recueillerait ainsi sur le marché
« général les bras inoccupés, comme certains spé-
« culateurs achètent les effets publics dépréciés,
« qui à cette prévoyance administrative joindrait
« la prévoyance financière, et garderait sa dette
« flottante libre et dégagée de manière à trouver
« de l'argent quand personne n'en aurait plus,
« une administration qui se donnerait tous ces
« soins, difficiles mais non impossibles, parvien-
« drait à diminuer beaucoup le mal, sans réussir
« toutefois à le supprimer en entier. Car si l'État
« doit fabriquer du drap de troupes ou de la toile
« à voiles, si même il devrait songer à décorer le
« plafond du Musée du Louvre, aujourd'hui
« pauvre et nu comme le toit d'une écurie, il n'au-
« rait pourtant pas des cachemires ou des bijoux
« à commander ; il ne pourrait donc pourvoir à
« tout, et il ne resterait toujours pour moyen dé-
« finitif et complémentaire à l'égard de certaines
« classes d'ouvriers, que la bienfaisance, noble-
« ment faite et dignement acceptée. Il ne pour-
« rait enfin jamais remplir ce devoir absolu de
« donner, sur la sommation de quiconque se
« présenterait, un travail conforme à la profes-

« sion du réclamant, depuis une serrure, une
« montre ou une aune de dentelle, jusqu'à une
« place de magistrat ou de finance. Ce prétendu
« droit, auquel ne correspondrait que l'impossible,
« n'est qu'un prétexte inventé par les factions pour
« avoir le moyen de lever à leur profit des armées
« soldées par le trésor. »

Nous en demandons bien pardon à l'honorable
auteur de ces pages éloquentes, mais il disait dans
le paragraphe précédent : « Vous ne pouvez faire
« du gouvernement un quincaillier, un marchand
« de modes, un fabricant de meubles, un décora-
« teur d'appartements, » et voici qu'il veut en faire
un maître-maçon, un fabricant de machines,
un constructeur de navires, un cordier, un fabricant de fusils, un fondeur de canons, un
fabricant de voitures, de harnais, de souliers,
d'habits, de chapeaux, de draps, de toiles, un
entrepreneur de palais, un architecte d'églises ! Et
pourquoi pas un quincaillier et un vitrier ? Est-ce
que les vaisseaux, les casernes, les prisons, les
palais, les églises, n'ont besoin ni de serrures ni
de vitraux ? Et pourquoi pas un fabricant de
meubles ? Il faut à l'État des lits, des tables, des

bancs, des chaises, des pupitres, des bureaux, comme il lui faut des draps, des couvertures, des marmites, des bidons, des selles, du papier, des plumes et de l'encre. Pourquoi ne fabriquerait-il pas tout ce que ses agents, ses employés militaires, civils et maritimes consomment? Pourquoi faire une distinction entre ceci et cela? Pourquoi ne pas aller jusqu'au bout et dire : L'État fera ses transports par terre et par mer, fera croître le chanvre dont il fabriquera ses toiles à voiles, et engraissera les bœufs et les porcs dont toute la gent administrative et militaire se nourrira?

M. Thiers oublie encore qu'il a dit : « Vous « figurez-vous l'État élevant à la hâte des fabriques « de tout genre, et essayant pendant une année « ou deux d'exercer tous les métiers à la fois, pour « les abandonner ensuite? Outre qu'il s'en acquit- « terait fort mal, d'abord par sa nature, qui ne « s'y prêterait pas, ensuite par l'insuffisance de « son savoir qui serait tout récent, il susciterait « à l'industrie une concurrence encore plus dan- « gereuse que celle qu'il lui opposerait en fabri- « quant d'une manière constante et perma- « nente...... » Comment concilier ce passage avec

cette recommandation donnée à l'État de réserver certaines fabrications comme celles des
machines, armes, draps, toiles, voitures, etc.,
pour les temps de chômage ? Est-ce que cet
acte de réserver des travaux quelconques n'aurait
pas pour effet d'amener le chômage qu'il s'agit de
combattre? Et comment peut-on le combattre
mieux qu'en confiant aux fabricants, aux industriels tous les travaux que l'État se sentirait disposé à entreprendre?

Nous ne reviendrons pas sur la question des
chômages, nous l'avons traitée quelques pages plus
haut. Nous clorons ce chapitre en transcrivant ici
les quelques lignes par lesquelles M. Thiers ter-
mine sa discussion sur le droit au travail.

« Qu'on ne prétende donc plus, dit-il, que nous
« voulons laisser mourir de faim l'homme sans
« travail, car je réponds que nous nourrirons
« l'homme dépourvu de travail, sans lui donner
« toutefois un salaire égal à celui des temps
« propices, ni un salaire qu'il touche sans tra-
« vailler, ni un salaire qui lui permette de faire
« monter violemment la main-d'œuvre, ni un sa-
« laire enfin qui lui serve à être le soldat de la

« guerre civile. A un salaire de ce genre aucun
« État ne pourrait suffire, et ne doit même songer
« à suffire; car il commettrait un suicide, un
« attentat contre la société en l'accordant. Ce cri
« d'humanité qu'on affecte de pousser quand il
« s'agit du droit au travail n'est donc qu'un cri
« simulé, imitant la voix du malheur, et ne dé-
« celant en réalité que la voix des factions. »

Il ne nous reste qu'un mot à dire : M. Thiers
ne veut pas, et il a raison, que l'on donne à
l'homme dépourvu de travail un salaire qui lui
permette de faire monter violemment la main-
d'œuvre, mais il trouve bon que l'on donne à l'industriel qui prétend ne pas réaliser de profits un
droit protecteur qui lui permet de faire monter
violemment le prix de vente des produits! Qu'il se
reporte aux premières années de la Restauration,
et il verra que les lois surélevant les taxes doua-
nières sur les fers, les sucres, etc., firent immédiatement hausser le prix de ces produits au profit
des fabricants et au détriment des consommateurs.
Pourquoi tant de tendresse pour les maîtres d'u-
sines et tant de rigueur pour les ouvriers?

Sans doute, aucun État ne pourrait suffire à

payer les salaires qu'on lui réclamerait si le droit au travail était proclamé ; mais, si la société peut payer les primes et les redevances accordées aux industries protégées, ce n'est qu'à condition de rester en arrière dans la voie du progrès, ce n'est qu'en retardant de quinze ou vingt ans la substitution du fer au bois dans la plupart des outils et des engins du laboureur, ce n'est qu'en arrêtant, faute de moyens suffisants, la construction de nos chemins de fer, ce n'est qu'en imposant à nos populations des privations aussi nombreuses que cruelles. Le cri de patriotisme qu'on affecte de pousser quand il s'agit de la protection n'est donc qu'un cri simulé, imitant la voix des amis du pays, et ne décelant en réalité que la voix d'une coterie égoïste.

VII

Le mutuellisme.

Quand on étudie avec attention les longues et fatigantes divagations, que Proudhon a intitulées *Qu'est-ce que la propriété?* on reconnaît que toutes ses formules, tous ses axiomes, toutes ses maximes, découlent de cette erreur qui lui faisait dire : *Pour que le producteur vive, il faut que son salaire puisse racheter son produit.*

Cette pensée s'est produite sous diverses formes, et nous en avons déjà dit quelque chose en recherchant si *le travailleur a droit à tout le produit de son travail.* Nous avons répondu à cette question en disant : oui, si le travailleur a employé des matières qui lui appartenaient, avec des outils à lui, et dans un local dont il était propriétaire ; non, si les matières premières ne lui appartenaient pas, si les outils n'étaient pas les siens, si le local n'était pas à lui.

Il est clair, ce nous semble, que les matières premières ont une valeur dont le travailleur doit tenir compte, et qu'il doit rembourser l'usure et payer l'usage des outils et du local, si matières premières, outils et local ne lui appartiennent pas.

Or, en ouvrant au hasard le fameux volume de Proudhon, voici ce que nous trouvons à la page 162, édition de 1848 : « Les économistes ne peuvent « ignorer ce principe rudimentaire de leur pré- « tendue science (il s'agit de cette formule : *pour* « *que le producteur vive, il faut que son salaire* « *puisse racheter son produit*); pourquoi donc s'ob- « stinent-ils à soutenir et la propriété, et l'inéga- « lité des salaires, et la légitimité de l'usure, et « l'honnêteté du gain, toutes choses qui contre- « disent la loi économique, et rendent impos- « sibles les transactions? Un entrepreneur achète « pour 100,000 francs de matières premières; « il paye 50,000 francs de salaires et de mains- « d'œuvre, et puis il veut retirer 200,000 francs « du produit, c'est-à-dire qu'il veut bénéficier et « sur la matière et sur le service de ses ouvriers. « Mais, si le fournisseur de matières premières et « les travailleurs ne peuvent, avec leurs salaires « réunis, racheter ce qu'ils ont produit pour l'en- « trepreneur, comment peuvent-ils vivre? Je vais

« développer ma question ; les détails deviennent
« ici nécessaires.

« Si l'ouvrier reçoit pour son travail une moyenne
« de 3 francs par jour, pour que le bourgeois qui
« l'occupe gagne, en sus de ses propres appointe-
« ments, quelque chose, ne fût-ce que l'intérêt de
« son matériel, il faut qu'en revendant, sous forme
« de marchandises, la journée de son ouvrier, il
« en tire plus de 3 francs. L'ouvrier ne peut donc
« pas racheter ce qu'il produit au compte du maître.
« Il en est ainsi de tous les corps d'état sans excep-
« tion : le tailleur, le chapelier, l'ébéniste, le forge-
« ron, le tanneur, le maçon, le bijoutier, l'impri-
« meur, le commis, etc., etc., jusqu'au laboureur
« et au vigneron, ne peuvent racheter leurs produits,
« puisque, produisant pour un maître qui, sous
« une forme ou une autre, bénéficie, il leur faudrait
« payer leur propre travail plus cher qu'on ne leur
« en donne.

« En France, continue Proudhon, 20 millions
« de travailleurs répandus dans toutes les branches
« de la science, de l'art et de l'industrie, produi-
« sent toutes les choses utiles à la vie de l'homme ;
« la somme de leurs journées égale, chaque année,

« par hypothèse, 20 milliards : mais, à cause du
« droit de propriété et de la multitude des au-
« baines, primes, dîmes, intérêts, pots-de-vin, pro-
« fits, fermages, loyers, rentes, bénéfices de toute
« nature et de toutes couleurs, les produits sont
« estimés par les propriétaires et patrons 25 mil-
« liards : qu'est-ce que cela veut dire ? que les tra-
« vailleurs, qui sont obligés de racheter ces mêmes
« produits pour vivre, doivent payer 5 ce qu'ils
« ont produit pour 4, ou jeûner de 5 jours l'un. »

Et Proudhon semble si convaincu que ces niaise-
ries sont le *nec plus ultra* du raisonnement et de
la science, qu'il s'écrie dans son orgueil et sa naï-
veté : « S'il y a un économiste en France capable
« de démontrer la fausseté de ce calcul, je le
« somme de se faire connaître, et je prends l'enga-
« gement de rétracter tout ce qu'à tort et mécham-
« ment j'aurai avancé contre la propriété. »

Eh parbleu ! Proudhon s'est chargé lui-même de
cette démonstration, besoin n'est d'un économiste
pour la faire. Tout travail doit laisser un excédant, a-t-il dit, donc le travail a toujours 5 pour
racheter ce qui lui a coûté 4 !

Mais voyons si, à défaut d'autres, nous ne serons

pas l'économiste que demandait l'agitateur socialiste.

Recherchons, tout d'abord, s'il est vrai d'affirmer, que, pour que le producteur vive, il faut que son salaire puisse racheter son produit.

Voici deux hommes qui ont labouré, fumé la terre, qui l'ont hersée et ensemencée, et qui l'un et l'autre ont moissonné : ils ont l'un et l'autre travaillé 30 jours; ils ont reçu leur salaire à raison de 3 francs par jour, soit 90 francs chacun. L'un de ces hommes a labouré son champ avec une bêche, il a transporté ses fumiers dans une hotte chargée sur son dos; au lieu d'une herse pour briser les mottes, il s'est servi d'un râteau; il a semé son grain à la volée, sa récolte peut être de dix hectolitres de blé.

L'autre a labouré avec une charrue, des chariots ont transporté ses fumiers, une herse aux dents de fer a pulvérisé sa terre, un semoir a disposé le grain en lignes régulières, et sa récolte s'élève à cent hectolitres.

Dira-t-on que le salaire de l'un et de l'autre doit racheter ces produits? N'est-il pas évident que le produit du travail du second laboureur n'est décuple du travail du premier que parce qu'un autre moyen de production est intervenu, et ne reconnaîtra-t-on pas que ce moyen, c'est-à-dire les machines, la charrue, la herse, le semoir, les chevaux ou les bœufs ont droit à la plus grande partie du produit ?

Dans toutes ses discussions, Proudhon semble avoir toujours oublié que *l'homme réduit à ses propres forces produit à peine assez pour vivre, tandis que l'homme aidé du capital voit ses produits dépasser immensément la limite de ses besoins.*

Admettons que l'entrepreneur dont parle Proudhon soit un fabricant de fer : il achète pour 100,000 francs de fonte et de houille ; il paye 50,000 francs de salaires et de mains-d'œuvre, et puis il veut retirer 200,000 francs du produit, c'est-à-dire qu'il veut bénéficier et sur la matière et sur le service de ses ouvriers. Mais, pour fabriquer ce fer, n'a-t-il pas fallu autre chose que de la fonte, de la houille et de la main-d'œuvre ? N'était-il pas nécessaire que le fabricant fît quelques études, acquît un certain savoir, construisît des hangars, des fours, des forges, établît des laminoirs, etc. ? Est-ce que tout cela n'a pas droit à une part du produit ?

Oh ! si vous nous prouvez, qu'aidés de cette science, de ces outils, de ces machines, de ces ins-truments, les ouvriers n'ont pas produit davantage que s'ils n'avaient eu que leurs mains et leurs bras, vous avez raison ; mais que produit le travail soli-taire ou collectif, sans le savoir et sans le capital ?

Est-il nécessaire d'expliquer encore une fois pourquoi l'ouvrier ne peut pas racheter ce qu'il produit au compte du maître ? Et si le tailleur, le chapelier, l'ébéniste, le forgeron, le tanneur, le maçon, le bijoutier, l'imprimeur, le commis, etc., jusqu'au laboureur et au vigneron, ne peu-vent racheter leurs produits, c'est qu'ils sont aidés dans leurs travaux, le tailleur par le savoir et le capital du maître qui a fourni le drap et lui a donné la forme et la coupe ; le chapelier par les outils, les machines et les matières premières du maître ; l'ébéniste par les bois, les scies, les ci-seaux, les maillets du patron ; le forgeron, par l'enclume, la forge, le soufflet, le marteau, la houille et le fer du bourgeois ; le tanneur par les fosses, le tan, les peaux et les outils du maître, et ainsi de suite des autres, y compris le laboureur et le vigneron.

Et si, en France, 20 millions de travailleurs, répandus dans toutes les branches de la science, de l'art et de l'industrie, produisent toutes les choses utiles à la vie de l'homme; si la somme de leurs journées égale chaque année, par hypothèse, 20 milliards, et que les produits soient estimés par les propriétaires et patrons 25 milliards, est-ce donc à cause du droit de propriété et de la multitude des aubaines, primes, dîmes, intérêts, pots-de-vin, profits, fermages, loyers, rentes, bénéfices de toute nature et de toute couleur? N'est-ce pas plutôt parce que les 20 millions de travailleurs n'ont pas tout fait et qu'une partie du produit est due à d'autres forces que les leurs ?

Et est-il vrai de dire que les travailleurs sont *obligés* de racheter ces mêmes produits pour vivre, et doivent payer 5 ce qu'ils ont produit pour 4, ou jeûner de cinq jours l'un ?

Oui, cela serait vrai si, grâce à l'emploi du capital, des machines, des forces de tous genres appelées à l'aide du travailleur, la production ne dépassait pas la consommation, et quand on voit combien s'accroissent les richesses des divers pays, on ne saurait le mettre en doute : mais l'ouvrier n'est pas *obligé* de racheter ce que Proudhon appelle tout son produit pour vivre. Tel est l'aide que lui donnent et le capital et la science, qu'avec son salaire il peut racheter plus que n'ont produit ses forces, c'est-à-dire que, si son travail est égal à 5, il obtient pour sa part, 15 ou 20 et peut-être davantage. Si vous en doutez, demandez-vous comment vivrait le travailleur s'il n'avait ni outils, ni instruments, ni machines, et comparez l'état auquel il serait réduit à celui dans lequel il se trouve aujourd'hui.

Dans un autre endroit de son livre, à la page 72, Proudhon nous dit que « on ne demande pas pour-« quoi la terre a été plutôt appropriée que la « mer et les airs ; on veut savoir en vertu de quel « droit l'homme s'est approprié cette richesse *qu'il* « *n'a point créée, et que la nature lui donne gra-* « *tuitement.* Say, ajoute-t-il, ne résout donc point « la question qu'il a lui-même posée : mais, quand « il l'aurait résolue, quand l'explication qu'il nous « donne serait aussi satisfaisante qu'elle est pau- « vre de logique, resterait à savoir qui a droit

« de faire payer l'usage du sol, de cette richesse
« qui n'est point le fait de l'homme. A qui est dû
« le fermage de la terre? au producteur de la terre,
« sans doute. Qui a fait la terre ? Dieu. En ce cas,
« propriétaire, retire-toi.

« Mais le créateur de la terre ne la vend
« pas, il la donne, et en la donnant il ne fait
« aucune acception de personnes. Comment donc,
« parmi tous ses enfants, ceux-là se trouvent
« ils traités en aînés et ceux-ci en bâtards ?
« Comment, si l'égalité des lots fut de droit origi-
« nel, l'inégalité des conditions est-elle de droit
« posthume ? »

Il est digne de remarque que, tout en condam-
nant, au fond, autant que nous avons pu le comprendre, la propriété sous toutes ses formes,
Proudhon ne dirige ses invectives et ses arguments
que contre la propriété foncière ou du sol. Serait-
ce qu'il aurait compris combien peu sa doctrine
aurait été goûtée s'il eût anathématisé, avec son
amertume ordinaire, la propriété mobilière, et
eût ainsi montré qu'il voulait réduire le genre
humain à un troupeau de bipèdes errant nus et
affamés sur la terre ?

L'homme, disons-le, ne s'approprie point une richesse qu'il n'a point créée, car l'homme ne crée rien : il transforme, il modifie, il améliore, il rend utile ce dont il se sert, et les transformations, les modifications, les améliorations qu'il apporte ou l'utilité qu'il donne à tout ce dont il se sert, profitent autant au reste de ses semblables qu'à lui-même. Voyez s'il consomme seul le blé, le vin, le chanvre, le lin, la pierre, le fer, la houille, etc., qu'il retire des travaux qu'il opère sur le sol ou dans le sein de la terre? Sans doute, il se fait payer ses produits, il demande l'équivalent de ses travaux, mais en vertu de quel droit, en vertu de quel principe devrait-il donner pour rien ses travaux ou ses produits ?

Sans doute encore, il occupe une partie du sol, mais cette occupation n'est-elle pas favorable à tous, puisqu'elle permet de retirer du sol plus de produits et amène une abondance de toutes choses que refusera toujours le sol non occupé, le sol possédé en commun? Voyez ce que produisent les terres *arch* en Algérie et ce que produisent à côté les terres appropriées? Voyez quel parti les Peaux-Rouges de l'Amérique du nord retirent de leur sol et ce qu'en font les émigrés allemands qui vont cultiver le *far west?*

Le genre humain n'a pas pour seule mission sur la terre de bêcher, de sarcler, de fumer, de semer et de moissonner : est-ce qu'à côté de la propriété du sol, il n'y a pas d'autres propriétés tout aussi profitables, et présentant tout autant de sécurité? Demandez au forgeron de village, au tailleur des villes, au porteur d'eau même, si leur profession, leur métier n'est pas une propriété pouvant se céder, s'échanger, se vendre ou pouvant être laissée en héritage? Demandez au dessinateur, au graveur, au marin, à l'ingénieur, au jurisconsulte, au médecin, si, pendant que le cultivateur avait à dépenser beaucoup de temps, de forces et d'intelligence pour mettre sa terre en rapport, ils n'avaient pas, eux, à dépenser pareillement beaucoup de temps, d'attention et d'intelligence, pour pouvoir manier convenablement le crayon ou le burin, conduire un navire, tracer un plan, apprendre l'art difficile de la défense ou de la guérison ?

A qui est dû le fermage de la terre? Il est dû à celui qui a rendu cette terre fertile et a réveillé par ses travaux la fécondité qui dormait dans son sein.

A qui est dû le prix du service que rend le marteau ? à celui qui, d'un morceau de minerai informe et inerte, a fait un instrument qui donne à l'homme des forces qu'il n'avait pas, qui a quintuplé, centuplé peut-être sa puissance et son produit. Osera-t-on dire que le propriétaire de ce marteau n'a pas le droit de se faire payer l'emploi du minerai, de cette richesse qui n'est point le fait de l'homme ? En ce cas, travailleur, retire-toi, car le travail dont tu veux être payé est pour la vingtième partie au moins le travail de la matière que tu n'as pas créée. Est-ce toi qui as donné à ce fer et sa cohésion et sa dureté et sa pesanteur ? Si la doctrine de Proudhon était vraie, les hommes n'auraient plus qu'à mourir de faim et de froid dans les forêts.

Mais si l'égalité des lots fut de droit originel, d'où vient l'inégalité des conditions ?

Elle vient de ce que dans une course tous n'arrivent pas ensemble ; elle vient de ce qu'il y a des forts et des faibles, des ardents et des nonchalants, des habiles et des maladroits, des prudents et des imprévoyants; elle vient de l'inégalité des caractères et des forces, des aptitudes et des volontés.

Mais ce qu'il y a de remarquable, c'est que l'ensemble civilisateur des institutions sociales donne au plus faible des forces qu'il n'aurait pas, au plus ignorant des connaissances qu'il n'aurait jamais acquises, au plus nonchalant des aides qui lui auraient toujours fait défaut, au plus imprévoyant des secours qu'il n'aurait jamais trouvés hors de la société.

« Un espace de terre déterminé, dit Ch. Comte « cité par Proudhon, page 89, ne peut produire « des aliments que pour la consommation d'un « homme pendant une journée : si le possesseur, « par son travail, trouve moyen de faire produire « pour deux jours, il en double la valeur. Cette « valeur nouvelle est son ouvrage, sa création ; elle « n'est ravie à personne : c'est sa propriété. »

Proudhon répond ainsi : « Je soutiens que le « possesseur est payé de sa peine et de son indus- « trie par sa double récolte, mais qu'il n'acquiert « aucun droit sur le fonds. Que le travailleur fasse « les fruits siens, je l'accorde ; mais je ne com- « prends pas que la propriété des produits emporte

« celle de la matière. Le pêcheur qui, sur la
« même côte, sait prendre plus de poissons que
« ses confrères, devient-il par cette habileté
« propriétaire des parages où il pêche ? L'adresse
« d'un chasseur fut-elle jamais regardée comme
« un titre de propriété sur le gibier d'un canton ?
« La parité est parfaite.... »

Vraiment s'est se moquer de l'intelligence du
lecteur. Quoi ! la parité est parfaite entre le cultivateur qui a défoncé, ameubli, amendé, sarclé,
épierré, assaini le sol, et le pêcheur qui n'a rien fait
pour accroître la fécondité de la mer, activer la
multiplication du poisson? Entre le cultivateur qui
a sué sang et eau pour fertiliser le sol, et le chasseur
qui s'est contenté de courir après le gibier et de
le tuer ?

N'insistons pas, l'argument n'en vaut pas la
peine. Au reste, Proudhon le reconnaît si bien lui-
même, qu'il avoue que si le cultivateur *a fait sur
le sol des améliorations, il a droit à une préférence
comme possesseur.* En faut-il davantage pour justifier complétement le droit de propriété? Et si nous
avions besoin de raisons pour montrer l'impossibilité de l'application du système proudhonien, nous

pourrions prendre à la page 157 la phrase suivante : « Si le droit de tous les hommes à la posses-
« sion des bonnes terres est égal, nul ne peut,
« sans indemnité, être contraint de cultiver les
« mauvaises. »

Et, cependant, Proudhon s'élève contre les doctrines des communistes et les poursuit de ses sar-
casmes. Que serait-ce donc que ce payement
d'une indemnité aux possesseurs de mauvaises
terres, par ceux auxquels le sort aurait départi les
bonnes ?

Est-il besoin de relever des propositions comme
celles-ci ?

*La propriété est impossible, parce que de rien
elle exige quelque chose.*

Et cependant, voilà des milliers d'années que
nos pères l'ont fondée.

*La propriété est impossible, parce que là où
elle est admise, la production coûte plus qu'elle
ne vaut.*

Et cependant, au lieu de s'appauvrir incessamment, le monde s'enrichit.

*La propriété est impossible, parce qu'elle est
homicide.*

Et cependant, la population s'accroît plus vite dans les pays où elle est admise que dans ceux où le communisme existe à quelque degré que ce soit.

La propriété est impossible, parce qu'avec elle la société se dévore. Et cependant la société progresse partout où règne la propriété particulière. A la page 161, Proudhon fait un étrange raisonnement.

« Trois opérations sont nécessaires, dit-il, pour
« produire des souliers : l'éducation du bétail, la
« préparation des cuirs, la taille et la couture. Si
« le cuir, sortant de l'étable du fermier, vaut 1, il
« vaut 2 en sortant de la fosse du tanneur, 3 en
« sortant de la boutique du cordonnier. Chaque
« travailleur a produit un degré d'utilité ; de sorte
« qu'en additionnant tous les degrés d'utilité pro-
« duite, on a la valeur de la chose. Pour avoir
« une quantité quelconque de cette chose, il faut
« donc que chaque producteur paye, d'abord, son
« propre travail, secondement le travail des autres
« producteurs. Ainsi, pour avoir 10 de cuir en
« souliers, le fermier donnera 30 de cuir cru, et le
« tanneur 20 de cuir tanné. Car 10 de cuir en sou-
« liers valent 30 de cuir cru, par les deux opérations

« successives qui ont eu lieu, comme 20 de cuir
« tanné valent aussi 30 de cuir cru par le travail
« du tanneur. »

Que devient donc en présence de ce nouveau
genre d'évaluation la formule que l'on trouve à la
page 116, exprimée dans les termes suivants :
« Combien de clous vaut une paire de sabots ?

« Si nous pouvions résoudre cet effrayant pro-
« blème, nous aurions la clef du système social que
« l'humanité cherche depuis six mille ans. Devant
« ce problème, l'économiste se confond et recule;
« le paysan qui ne sait ni lire ni écrire répond
« sans broncher : autant qu'on en peut faire dans
« le même temps et avec la même dépense. »

Il nous semble qu'en traitant des cuirs et des
souliers, Proudhon a rejeté ce mode d'évaluation
pour en adopter un autre tout aussi faux basé sur
la quantité des produits. Cependant, quelle que
soit la quantité de cuir que donne le fermier pour
sa paire de souliers, elle ne représente jamais
qu'une valeur égale, à celle des souliers, soit 10;
s'il donnait une valeur de 30, il est hors de
doute qu'il serait en perte de 20, et aurait avantage à tanner son cuir lui-même et à faire ses

souliers : en donnant 30 il se ruinerait en très-peu de temps.

Nous avouerons ne pas comprendre la formule de la neuvième proposition, page 188 : *La propriété est impossible, parce qu'elle est impuissante contre la propriété.* Explique qui voudra ce logogriphe, nous y renonçons.

Il nous a été raconté par deux amis et admirateurs de Proudhon qu'étant allés le voir pour le prier de leur expliquer un passage qu'ils ne comprenaient pas de la même manière, Proudhon se retourna vers eux, les joues pleines de son gros rire, en s'écriant : « Parbleu, vous me la baillez belle ! Il y a longtemps que je ne me comprends plus moi-même ! »

Quoi qu'il en soit, dans cette neuvième proposition, Proudhon dit ceci : « Ce qui est vrai d'un « seul individu trafiquant avec lui-même est vrai « aussi de toute société de commerce. Formons « une chaîne de dix, quinze, vingt producteurs, « aussi longue qu'on voudra : si le producteur A « prélève un bénéfice sur le producteur B, d'après « les principes économiques, B doit se faire rem-« bourser par C, C par D et ainsi de suite jusqu'à Z.

« Mais par qui Z se fera-t-il rembourser du
« bénéfice prélevé au commencement par A ? *Par*
« *le consommateur*, répond Say. Misérable Esco-
« bar ! Ce consommateur est-il donc autre que
« A, B, C, D, etc., ou Z? Par qui Z se fera-t-il rem-
« bourser? S'il se fait rembourser par le premier
« bénéficiaire A, il n'y a plus de bénéfice pour
« personne ni par conséquent de propriété. »

Proudhon traite Say un peu trop durement, car
enfin ne nous a-t-il pas dit lui-même qu'il y avait
d'un côté le travailleur toujours à la tâche et de
l'autre le propriétaire oisif? Quand on traite les
gens de misérable Escobar, il faudrait bien prendre garde à ne pas accumuler soi-même les sophismes jésuitiques les uns sur les autres jusqu'à
écœurement.

Toute l'erreur de Proudhon provient de ce qu'il
n'a pas vu ou n'a pas voulu voir que l'homme en
société, surtout au temps où nous vivons, produit
infiniment plus qu'il ne consomme.

Ce surplus de production, nous l'avons déjà dit,
est l'œuvre du capital, et ne saurait être nié que
par ceux qui croiraient que nos pères vivaient dans
une plus grande aisance que nous, que leurs de-

meures étaient plus confortables, les approvisionnements plus considérables, leurs plaisirs plus variés, leurs connaissances plus grandes que les nôtres.

La richesse du monde augmente : donc la production dépasse la consommation, donc chaque producteur possède un surcroît de produit dont il peut trafiquer, donc *tout travail laisse un excédant.* Formons une chaîne de dix, quinze, vingt producteurs, aussi longue qu'on voudra, nous ajouterons même que plus elle sera longue, et plus le bénéfice résultant des échanges sera considérable. Si le producteur A et le producteur B échangent entre eux l'excédant de leurs produits, il y aura bénéfice pour l'un et pour l'autre. Si A a coupé du bois dans la forêt et si B a pêché du poisson dans la rivière, il y a bénéfice pour A à échanger une partie de son bois contre du poisson et il y a bénéfice pour B à donner une partie de son poisson pour du bois.

Maintenant, faites que A donne un autre fagot à C pour avoir un plat de laitage, faites que B échange encore quelques poissons contre un pain que lui fournira D, et poursuivez ces échanges à travers toutes les lettres de l'alphabet et plus loin, où donc se trouveront le vol et la spoliation ?

Mais, direz-vous, il y a là échange mutuel, sans bénéfice, et par conséquent la propriété ne saurait sortir de ces échanges. C'est ici qu'est l'erreur.

Du moment où un producteur quelconque a produit plus qu'il n'a consommé, il y a eu propriété. Quand le sauvage a tué un daim, il ne le mange pas en un seul repas : est-il ou n'est-il pas propriétaire de ce qu'il n'a pas consommé ? Allez le demander aux Peaux-Rouges d'Amérique, où l'égalité de la sauvagerie règne sans partage, et vous verrez s'ils ne réclament pas la propriété de tout ce qu'atteint leur lance, de tout ce que tue leur flèche !

Que le producteur échange l'excédant de son produit, et obtienne un produit tout différent, qui ne provient pas de son travail, cela ne change pas la nature de son droit, il est propriétaire de ce qu'il a acquis par l'échange, comme il l'était de ce qu'il avait fabriqué ou récolté.

Et en y regardant de près, on reconnaît que plus les échanges se multiplient, et plus la richesse s'accroît, parce que le produit tend à aller là où il se place avec le plus d'avantages, et là où il peut rendre le plus de services.

La conclusion nécessaire, inévitable et irréfragable de ceci, c'est que, en dépit de toutes les réclamations et protestations des protectionnistes et des socialistes, toute loi qui entrave le libre exercice du droit de propriété est un crime de lèse-humanité.

Proudhon a combattu avec beaucoup de sens, de talent et de vérité les idées communistes : « Chose singulière, dit-il page 227, la communauté « systématique, négation réfléchie de la propriété, « est conçue sous l'influence directe du préjugé « de la propriété; et c'est la propriété qui se trouve « au fond de toutes les théories des communistes.

« Les membres d'une communauté, il est vrai, « n'ont rien en propre; mais la communauté est « propriétaire, et propriétaire non-seulement des « biens, mais des personnes et des volontés. C'est « d'après ce principe de propriété souveraine que « dans toute communauté le travail, qui ne doit « être pour l'homme qu'une condition imposée par « la matière, devient un commandement humain, « par là même odieux; que l'obéissance passive,

« inconciliable avec une volonté réfléchissante, est
« rigoureusement proscrite ; que la fidélité à des
« règlements toujours défectueux, quelque sages
« qu'on les suppose, ne souffre aucune réclama-
« tion ; que la vie, le talent, toutes les facultés de
« l'homme sont propriétés de l'État, qui a droit
« d'en faire, pour l'intérêt général, tel usage qu'il
« lui plaît ; que les sociétés particulières doivent
« être sévèrement défendues, malgré toutes les
« sympathies et antipathies de talents et de carac-
« tères, parce que les tolérer serait introduire de
« petites communautés dans la grande, et par con-
« séquent des propriétés ; que le fort doit faire la
« tâche du faible, bien que ce devoir soit de bien-
« faisance, non d'obligation, de conseil, non de
« précepte ; le diligent, celle du paresseux, bien
« que ce soit injuste ; l'habile, celle de l'idiot, bien
« que ce soit absurde ; que l'homme enfin dépouil-
« lant son *moi*, sa spontanéité, son génie, ses
« affections, doit s'anéantir humblement devant la
« majesté et l'inflexibilité de la commune.

« La communauté est inégalité, dit ensuite Prou-
« dhon, mais dans le sens inverse de la propriété.
« La propriété est l'exploitation du faible par le fort ;

« la communauté est l'exploitation du fort par le
« faible. Dans la propriété, l'inégalité des condi-
« tions résulte de la force, sous quelque nom qu'elle
« se déguise : force physique et intellectuelle;
« force des événements, hasard, *fortune;* force de
« propriété acquise, etc. Dans la communauté,
« l'inégalité vient de la médiocrité du talent et du
« travail, glorifiée à l'égal de la force. Cette équa-
« tion injurieuse révolte la conscience et fait mur-
« murer le mérite; car si ce peut être un devoir
« au fort de secourir le faible, il veut le faire par
« générosité, il ne supportera jamais la compa-
« raison. Qu'ils soient égaux par les conditions du
« travail et du salaire, mais que jamais le soupçon
« réciproque d'infidélité à la tâche n'éveille leur
« jalousie. La communauté est oppression et servi-
« tude. L'homme veut bien se soumettre à la loi
« du devoir, servir sa patrie, obliger les amis, mais
« il veut travailler à ce qui lui plaît, quand il lui
« plaît, autant qu'il lui plaît; il veut disposer de ses
« heures, n'obéir qu'à la nécessité, choisir ses
« récréations, sa discipline; rendre service par rai-
« son, non par ordre; se sacrifier par égoïsme,
« non par une obligation servile. La communauté

« est essentiellement contraire au libre exercice
« de nos facultés, à nos penchants les plus nobles, à
« nos sentiments les plus intimes : tout ce qu'on
« imaginerait pour la concilier avec les exigences
« de la raison individuelle et de la volonté, n'a-
« boutirait qu'à changer la chose en conservant
« le nom ; or, si nous recherchons la vérité de bonne
« foi, nous devons éviter les disputes de mots.

« Ainsi, la communauté viole l'autonomie de la
« conscience et l'égalité : la première, en compri-
« mant la spontanéité de l'esprit et du cœur, le
« libre arbitre dans l'action et dans la pensée ; la
« seconde, en récompensant par une égalité de
« bien-être le travail et la paresse, le talent et la
« bêtise, le vice même et la vertu. Du reste, si la
« propriété est impossible par l'émulation d'ac-
« quérir, la communauté le deviendrait bientôt par
« l'émulation de fainéantise. »

On ne saurait mieux raisonner, et le communisme ne s'est pas relevé des coups que Proudhon
lui portait ainsi avec tant de prestesse et d'à-
propos.

Mais comment s'est-il fait que Proudhon n'ait
pas vu : 1° que le système qu'il préconisait, sous le

nom de mutuellisme, n'était autre que le communisme, et 2° que toute sa critique de la communauté tombait à plomb sur ses idées, ses plans, son système ?

C'est aux pages 104 et 105 qu'il donne de ce système l'explication la plus complète, voyez, avec nous, si ce qu'il vient de dire du communisme ne s'applique pas de point en point à sa théorie.

« En tant qu'associés, dit-il, les travailleurs sont
« égaux, et il implique contradiction que l'un soit
« payé plus que l'autre : car, le produit d'un tra-
« vailleur, ne pouvant être payé qu'avec le produit
« d'un autre travailleur, si les deux produits sont
« inégaux, le reste, ou la différence du plus grand
« au plus petit, ne sera pas acquis par la société,
« par conséquent n'étant pas échangé n'affectera
« point l'égalité des salaires. Il en résultera, si l'on
« veut, pour le plus fort travailleur, une inégalité
« naturelle, mais non une inégalité sociale, per-
« sonne n'ayant souffert de sa force et de son
« énergie productive. En un mot, la société n'é-
« change que des produits égaux, c'est-à-dire, ne
« paye que les travaux qui sont faits pour elle ; par

« conséquent, elle paye également tous les travail-
« leurs : ce qu'ils pourraient produire hors son
« sein ne la touche pas plus que la différence de
« leurs voix et de leurs chevelures.

   « Il semble que je vienne de poser moi-même
« le principe de l'inégalité : c'est tout le contraire.
« La somme des travaux qui peuvent être faits
« pour la société, c'est-à-dire des travaux suscep-
« tibles d'échange, étant, sur un fonds d'exploita-
« tion donné, d'autant plus grande que les tra-
« vailleurs sont plus multipliés, et que la tâche
« laissée à chacun est plus réduite, il s'ensuit que
« l'inégalité naturelle se neutralise à mesure que
« l'association s'étend, et qu'une plus grande quan-
« tité de valeurs consommables sont produites so-
« cialement : en sorte que, dans la société, la seule
« chose qui pût ramener l'inégalité de travail se-
« rait le droit d'occupation, le droit de propriété.

   « Or, supposons que cette tâche sociale journa-
« lière, évaluée en labour, sarclage, moisson, etc.,
« soit de deux décamètres carrés, et que la moyenne
« de temps nécessaire pour s'en acquitter soit de
« sept heures : tel travailleur aura fini en six
« heures, tel autre en huit heures seulement ; le

« plus grand nombre en emploiera sept; mais
« pourvu que chacun fournisse la quantité de tra-
« vail demandé, quel que soit le temps qu'il y em-
« ploie, il a droit à l'égalité de salaire.

   « Le travailleur, capable de fournir sa tâche en
« six heures, aura-t-il le droit, sous prétexte de sa
« force et de son activité plus grande, d'usurper
« la tâche du travailleur le moins habile, et de lui
« ravir ainsi le travail et le pain? Qui oserait le
« soutenir? Que celui qui finit avant les autres se
« repose, s'il veut; qu'il se livre, pour l'entretien
« de ses forces et la culture de son esprit, pour
« l'agrément de sa vie, à des exercices et à des tra-
« vaux utiles : il le peut sans nuire à personne :
« mais qu'il garde ses services intéressés. La vi-
« gueur, le génie, la diligence et tous les avan-
« tages personnels qui en résultent, sont le fait de
« la nature, et jusqu'à un certain point de l'indi-
« vidu; la société en fait l'estime qu'ils méritent ;
« mais le loyer qu'elle leur accorde est propor-
« tionné, non à ce qu'ils peuvent, mais à ce qu'ils
« produisent. Or, le produit de chacun est limité
« par le droit de tous. »

   Est-ce que ce système qui fait bon marché de la

force, de l'activité, de la vigueur, du génie, de la diligence, diffère en quoi que ce soit du communisme? Est-ce qu'il ne viole pas, pour nous servir des termes mêmes de Proudhon, l'autonomie de la conscience et l'égalité : la première en comprimant la spontanéité de l'esprit et du cœur, le libre arbitre dans l'action et dans la pensée; la seconde en récompensant par une égalité de bien-être le travail et la paresse, le talent et la bêtise, le vice même et la vertu?

Le mutuellisme et le communisme cherchent l'égalité par en bas : si un travailleur fait sa tâche en six heures, un autre en sept et un troisième en huit heures, est-ce que les deux premiers auront le droit d'être plus habiles, plus diligents que le dernier? Qui oserait le soutenir, demande Proudhon? En ce cas, si un quatrième a besoin de dix heures pour fournir sa tâche; si un cinquième requiert toute la journée, faudra-t-il que tous les autres travailleurs se reposent et ne produisent rien pendant que l'inhabile, le maladroit, l'igno-rant, l'indolent et l'imprévoyant, qui seront les régulateurs de la chose, fatigueront leurs outils à ne rien faire? Oui, sans doute, ainsi le veut l'égalité,

nous assure le fondateur du mutuellisme. Mais,
qui ne voit que c'est la reduction progressive, l'a-
baissement continu de la production et le développement incessant de la fainéantise et de la misère !

Mais, ajoute Proudhon, que celui qui finit avant
les autres se repose, s'il veut ; qu'il se livre pour
l'entretien de ses forces et la culture de son esprit,
pour l'agrément de sa vie, à des exercices et à des
travaux utiles ; il le peut sans nuire à personne :
mais qu'il garde ses services intéressés !

Eh bien ! si cet homme peut se livrer à quelques
travaux en dehors de la tâche abêtissante que vous
lui avez déterminée, tout votre système s'écroule,
les travailleurs ne seront plus égaux, l'un sera
payé plus que l'autre, la propriété existera, il y
aura des riches et des pauvres. Faites que pour
l'entretien de ses forces et l'agrément de sa vie cet
homme se livre à un travail bien inoffensif, faites
qu'il cultive des fleurs, et voilà que la jeune fille
va lui adresser son plus gracieux sourire pour obtenir le don d'une rose qu'elle mettra à son corsage
ou dans ses cheveux. Et si ce n'est pas une fleur,
ce sera un grain de corail, une pépite qu'il aura

cherché dans les sables du fleuve, ce sera un oiseau qu'il aura apprivoisé.

Mais il y a plus, ma brebis m'a donné deux agneaux, la vache de mon voisin a mis bas deux veaux, et vous n'avez qu'un agneau de votre brebis, et votre voisin n'a obtenu qu'un veau : où sera l'égalité ? Voici un pêcheur dont la barque est chargée de poissons, et en voici un autre qui n'a pris qu'une demi-douzaine de goujons ? Comment rétablirez-vous l'égalité ? Si vous réduisez la part du pêcheur heureux ou habile pour grossir celle du pêcheur infortuné ou maladroit, oh ! ne vous en défendez pas, c'est le communisme que vous voulez établir, le communisme le plus autoritaire et le plus abrutissant. Que si, au contraire, vous laissez à chacun le produit de son travail, vous fondez la propriété, et encore quelques jours et vous pouvez être certain que, si le pêcheur de goujons n'a pas plus de succès, et si l'autre continue ses pêches miraculeuses, vous verrez le premier au service du second.

Il y a certains groupes d'hommes où l'un est capable de fournir sa tâche en six heures, où l'autre la finit en huit heures, et où le plus grand nombre en emploie sept. Celui qui a fini avant les autres se repose s'il veut; il lui est interdit d'usurper la tâche du travailleur le moins habile, et il ne peut lui ravir son pain. Dans ces groupes, les heures de travail sont rigoureusement déterminées, la quantité de produit à livrer est strictement limitée, les heures de repas, les heures de repos, sont les mêmes pour tous; les salaires payés en aliments et en vêtements, d'une grande simplicité, sont de la plus rigide égalité; tous sont soumis à la même règle. Ces groupes d'hommes habitent les bagnes. La vie du forçat : voilà l'idéal de l'existence égalitaire et mutuelliste de Proudhon....

Proudhon avait le plus profond mépris pour les hommes en général et pour ses contemporains en particulier. Quel satanique éclat de rire il a dû jeter, quand il a vu des simples d'esprit mordre à l'appât qu'il avait tendu, et, le prenant pour un grand homme, accepter, admirer, prôner ce système sociétaire renouvelé du bagne, et s'en faire les prophètes et les apôtres !

VIII

La Propriété.

Les attaques qui ont été dirigées contre la propriété ne nous inspirent aucune crainte relativement à son maintien : le bon sens public a toujours donné tort à ceux qui voulaient ravaler l'homme au niveau de la brute, et rabaisser son état social à celui des castors, des abeilles ou des fourmis. Ce qui fait la force de la propriété, c'est que seule elle permet, seule elle facilite et active l'épanouissement de la civilisation et en assure le progrès.

Le travailleur n'a jamais pu comprendre que, si ses efforts lui ont permis d'amasser quelque chose, d'acheter quelques meubles, quelques outils, machines ou matières premières, de se construire une chaumière, de l'entourer d'un jardin, de se créer des ressources pour la vieillesse, d'élever et d'instruire ses enfants, de leur laisser un avoir supérieur à celui dont il a hérité, il avait commis une longue série de mauvaises actions ; il avait fait

11.

tort à ses semblables et violé les principes de justice et d'égalité !

On ne trouve pas une personne sur cent mille
qui nie le droit de propriété, mais on n'en trouve
pas une sur dix qui puisse ou sache le justifier.
Bien peu se laissent ébranler par les beaux raisonnements des communistes; mais la plupart se
contentent de répondre : tout cela peut être fort
bien raisonné, mais la propriété existe, la propriété profite à tous, et je ne suis pas d'humeur à
courir les aventures, en abandonnant ce que j'ai
pour me repaître de chimères !

Il est à remarquer que tout le monde est propriétaire : il n'est pas un individu, si pauvre
qu'il soit, qui ne possède quelque chose : or, si le
communisme est vrai, l'homme n'a le droit de
s'approprier quoi que ce soit, pas même ce qui lui
est nécessaire pour se défendre du froid, pour
éteindre sa soif, pour satisfaire sa faim; car tous
les autres hommes ont un droit égal au sien sur
toutes les choses qu'il veut s'approprier : si le
communisme est vrai, l'état de lutte existe entre
les hommes comme entre les bêtes.

Il n'y a pas dans le monde que la propriété foncière, la propriété des maisons, des champs, des prairies, des bois, des vergers, des bruyères, des mines ou des étangs ; il y a aussi la propriété mobilière, c'est-à-dire les instruments, les machines, les outils, les approvisionnements, les matières premières, les parts industrielles, le bétail des fermes, les produits industriels et artistiques de toutes sortes.

Le communisme condamne forcément, fatalement toutes ces propriétés. Voyons donc quelle est leur origine et si on ne peut en réclamer la propriété, c'est-à-dire le droit exclusif d'en user, au nom de la justice, au nom de l'équité.

Occupons-nous d'abord de la propriété mobilière : prenons-la sous sa forme la plus simple et pour ainsi dire la plus usuelle.

Voici une bêche : elle appartient à Pierre ; mais Jean prétend que le droit de Pierrre à la possession exclusive de cette bêche n'est pas légitime, parce qu'elle a été faite avec du fer provenant de minerai qui faisait partie du patrimoine général de l'humanité, et que nul n'avait le droit de s'approprier à l'exclusion du drois indivis et imprescriptible de tous les autres hommes. E·· effet, dit Jean, je ne parle pas du travail que vous avez mis dans le morceau de minerai pour en faire une bêche, mais avec ce morceau de minerai j'aurais pu me faire un outil semblable à celui-ci, et, en vous l'appropriant, vous avez accaparé injustement une fraction de l'outillage humanitaire.

Qui a créé ce morceau de minerai, ce n'est pas vous, donc vous ne pouvez y avoir aucun droit : je reconnais les droits du travail, les droits que vous pouvez avoir au produit de vos efforts, mais ce minerai ne provient ni de vos efforts ni de votre travail.

Je réclame ma part d'héritage, vous me devez un outillage semblable à celui que vous avez ; mon droit est imprescriptible, car j'ai celui de vivre et je ne puis vivre sans outillage !

Voilà, croyons-nous, par quel enchaînement d'idées on arrive aujourd'hui à réclamer la main mise sur la propriété et sa redistribution.

Il est à remarquer ici que ceux qui condamnent la propriété, ne la condamnent que chez les autres, mais la réclament pour eux.

Cependant, analysons les faits, remontons à l'origine de la propriété.

En présence de cette bêche, nous ne pouvons dire que ceci : Pierre a échangé quelque produit de son travail contre cet instrument : le taillandier qui l'a fabriqué avait pareillement échangé quelque chose contre un morceau de fer; le marchand de fer avait acquis ce métal, aussi par voie d'échange, du maître de forges; le maître de forges avait obtenu le minerai, toujours par voie d'échange, du travailleur qui l'avait extrait de la mine.

Ce travailleur, il y a bien des années de cela, ayant rencontré un jour un filon de minerai dont les propriétés pouvaient être utilisées par l'appropriation et le travail, au profit non-seulement de Pierre, mais de l'humanité tout entière, car les services que rend un outil ne se bornent pas à ceux que Pierre peut en retirer (demandez au compas à combien de générations il est venu en aide), ce travailleur, disons-nous, devait-il s'abstenir d'extraire ce minerai, sous prétexte qu'il n'en était pas seul propriétaire, que l'humanité de tous les âges y avait droit, et que les générations futures elles-mêmes pourraient légitimement revendiquer leur part de propriété, en vertu de cet axiome si étrangement appliqué : *Adversus hostem revendicatio est æterna !*

Mais alors, que serait devenue l'humanité, devant cet empêchement absolu d'utiliser à son profit, dans tous les temps, les bois, les pierres, les minerais, les animaux, les eaux, les terres, etc., dont les services ne pouvaient être remplacés ?

Elle serait morte de besoin et d'inanition dès son berceau ; le prétendu droit que l'on revendique l'aurait tuée.

Mais on insiste et l'on dit : notre droit, nous ne l'abandonnons pas ; il est imprescriptible ; mais, vu l'impossibilité où nous sommes de remettre les choses en l'état primitif, nous voulons bien transiger. Donnez-nous une indemnité, et nous vous tiendrons quitte ; cette indemnité que nous réclamons, c'est un outillage semblable à celui que vous vous êtes procuré, autrement nous serions déshérités !

Eh bien ! voyons s'il y a quelque chose de sensé, de raisonnable, de juste, dans cette proposition.

Et d'abord déshérités de quoi, est-ce qu'il n'y a plus de minerai ? est-ce qu'il n'y a plus possibilité d'en faire des outils ?

Est-ce que Pierre a acquis cette bêche, cet outil, sans travail, sans efforts? et vous, qu'avez-vous fait pour réclamer, comme votre droit, comme votre héritage un outil pareil?

Vous vous êtes donné la peine de naître dans un temps et dans un pays civilisé, dites-vous, et le degré de civilisation qui vous entoure vous donne le droit de reclamer un outillage de civilisé!

Mais ne voyez-vous pas que la civilisation vous donne tout ce qu'elle vous doit, en mettant gratis à votre disposition toutes les méthodes, toutes les connaissances, tout cet air ambiant de savoir traditionnel et de sciences acquises, qui vous facilite tout travail, qui multiplie vos forces, qui accroît votre production, et vous met bien au-dessus de ce que pouvait être le malheureux qui fit la première bêche!

Pierre, au reste, n'a pas retiré ce morceau de minerai du filon où il gisait sans l'avoir arrosé de ses sueurs, sans avoir longtemps travaillé; faites comme lui, et vous aurez un produit qui vous permettra d'obtenir, par l'échange, un outil semblable au sien.

Pierre n'est-il pas en droit de vous dire, par

exemple : vous voulez un morceau de minerai? eh bien ! pendant le temps que je vais travailler à l'extraire, arrachez-moi cet arbre qui gêne mon travail, et, quand vous aurez fini, je vous donnerai le minerai dont vous avez besoin ; car, prenez-y garde, vous n'avez pas le droit de vous servir de mes travaux pour aller chercher vous-même le minerai au fond de la galerie.

Pensez-vous donc qu'il y ait quelque déshonneur à accepter ce marché? Quant à nous nous n'en voyons pas, et c'est précisément un marché comme celui qu'en qualité de salariés nous faisons tous les jours en acceptant un salaire en échange de notre travail.

Prenons un autre exemple, si vous le voulez.

Voici un habit : la laine qui en forme la matière première vient, à la suite d'une longue succession de générations de béliers et de brebis, d'un maître bélier et d'une bonne brebis sauvage, ou d'un couple d'agneaux qu'un homme parfaitement inconnu aujourd'hui réduisit à la domesticité et dont il utilisa la laine.

Les communistes de nos jours ont-ils le droit de dire que leur part de propriété a été confisquée

par ce pasteur qui le premier s'est emparé de cet
outillage agricole ?

N'est-il pas évident que c'est le fait même de
cette appropriation, qui a créé cette sorte de propriété et l'a rendue commune, et accessible à
chacun ?

Où les communistes iraient-ils chercher ce
qu'ils veulent ou s'approprier collectivement, ou
se partager individuellement, si le premier pasteur,
si le premier agriculteur n'avaient pas, l'un donné
la fertilité au sol, l'autre réduit certains animaux
à la domesticité.

Nul ne s'oppose, au reste, à ce que les communistes mettent en commun tout ce qu'ils produisent, mais il leur est interdit de toucher à ce qu'ils
n'ont pas produit.

Fallait-il réellement que le genre humain restât
privé de laine, jusqu'à ce que nos docteurs modernes eussent été d'âge à courir par monts et
par vaux, après ce bélier et cette brebis, pour les
réduire à la domesticité? Et qui donc aurait donné
à ces derniers venus un droit que n'avaient pas
leurs prédécesseurs, et leur aurait permis de s'approprier cette riche proie ?

Aujourd'hui, voici ce qui se passe : le propriétaire du bélier, ou ses descendants et représentants, disent à tous ceux qui veulent de la laine : « Ce produit nous a coûté tant de travail; donnez-nous un produit équivalent, et nous vous l'abandonnons. » Où donc est l'injustice, où est la violence, le dol, la spoliation? Ce qu'il y a de vrai, c'est que les générations actuelles profitent de toute l'expérience acquise par celles du passé, et qu'elles sont dans un milieu infiniment plus favorable que celui dans lequel ont vécu les fondateurs et créateurs de la propriété.

Nous avons dit que la propriété se divise en deux genres bien distincts : la propriété mobilière et la propriété immobilière.

La première qui comprend les instruments, les outils, les machines, les matières premières, les approvisionnements, le bétail, etc., précéda assurément la seconde, qui comporte les terres, les maisons, les bâtiments d'exploitation, les mines, les bois, etc. L'homme se fit des armes et des engins de chasse et de pêche avant de cultiver et d'améliorer le sol.

Nous croyons avoir démontré, dans les pages

qui précèdent, toute la légitimité de la propriété mobilière. Nous avons prouvé qu'elle doit son existence au travail, et que, loin de porter quelque préjudice à ceux qui ne la possèdent pas, elle est, pour eux, comme pour la société tout entière, une source d'avantages et de bénéfices. Ceux qui ne possèdent pas, ou plutôt ne possèdent que peu de choses, doivent se demander s'ils seraient plus riches de la misère des autres, s'ils produiraient autant qu'ils le font, après que les machines, les capitaux, les matières premières, les approvisionnements appartenant aux autres seraient anéantis et dispersés par une liquidation aussi injuste qu'insensée.

Nous avons, en outre, montré que tout homme peut, en travaillant, en acquérir, en posséder quelque partie, et nous pouvons ajouter que, dans les pays civilisés, il n'est personne aujourd'hui qui en soit absolument privé : chacun possède quelques outils, et, sinon quelques meubles, à coup sûr quelques vêtements.

Ceux qui déclament contre les capitalistes ignorent si profondément la question, qu'ils ne semblent même pas se douter qu'ils sont eux-mêmes capitalistes !

Il nous reste, maintenant, à prouver que la propriété des terres et des maisons ne diffère pas de celle des outils, des instruments, des vêtements; en fait, elles découlent l'une de l'autre, et sont inséparables.

En effet, nous avons dit que la laine formant la matière de l'habit que nous avons pris pour exemple vient, à la suite d'une longue succession de générations, de deux agneaux ou d'un bélier et d'une brebis qu'un homme réduisit à la domesticité et dont il utilisa la toison.

Pour réduire ces deux animaux à la domesticité, il les enferma d'abord dans une caverne où il leur apporta des herbes et des fourrages qu'il recueillait çà et là. Mais, le troupeau s'augmentant, il dut chercher à les enfermer dans un espace plus grand où il pouvait les laisser paître dans une demi-liberté. Il forma donc un enclos, d'où ni béliers ni brebis ne pouvaient s'échapper, et où ils se trouvaient, dans une certaine mesure, à l'abri des attaques des bêtes fauves.

C'est là, croyons-nous, que se trouve l'origine de la première appropriation du sol, à moins qu'on ne la fasse remonter à l'appropriation, ou, si

l'on veut, à l'occupation des grottes et des caver-
nes dans lesquelles les premiers hommes se reti-
raient. On a beau reculer d'âge en âge, toujours
on trouve la propriété, tant elle est inhérente à la
nature de l'homme. Soyez assuré que les premiers
hommes ne se croyaient pas obligés d'abandonner
leur grotte habituelle, parce que d'autres prétendaient y avoir un droit imprescriptible, naturel
et égal.

Quelles furent les conséquences de cette appropriation ?

D'abord, et ceci est important, la renonciation
du propriétaire du troupeau à la plus grande partie des dix ou des vingt lieues carrées qui lui
étaient indispensables pour vivre au moyen de la
pêche, de la chasse et de la cueillette. Nous ne
parlons pas du droit de pâture, car ce droit suppose la propriété d'un troupeau, et celui qui peut
s'approprier un troupeau peut s'approprier le
sol qui lui donnera l'abri et le fourrage nécessaire.

Le propriétaire du troupeau donna donc une
compensation plus que suffisante à ceux qu'il ex-
cluait de l'enclos qu'il avait formé, et cela en
abandonnant sa part de droit de pêche, de chasse

202 LE SOCIALISME D'HIER ET CELUI D'AUJOURD'HUI.

et de cueillette, que son nouveau genre de vie lui rendait complétement inutile.

Les communistes n'ont pas assez remarqué que le seul genre de vie dans lequel leur système est possible, est celui dans lequel on se contente de chasser, de pêcher et de ramasser les fruits mûrs.

Puis il fit plus, il commença évidemment à faire jouir ses semblables des avantages qu'il tirait de la domestication de son troupeau ; il échangea avec eux des toisons, des peaux, des laitages, de la chair de ses bêtes, contre des poissons, du gibier et peut-être des racines et des fruits.

Nous avons beau creuser et retourner cette question en tous sens, il nous est impossible de voir comment ce nouveau genre de vie, comment cette appropriation d'un coin du sol, comment ces échangent peuvent être taxés d'injustice et de spoliation. L'homme était-il donc né pour rester toujours à l'état sauvage vivant dans les forêts, exposé aux attaques de bêtes féroces, sans pouvoir jamais cultiver ses facultés, utiliser son intelligence ?

Que ceux qui attaquent la propriété regardent donc autour d'eux, qu'ils comparent ce qu'était le

monde et ce qu'elle en a fait ! Mais, il y a encore
des malheureux, dira-t-on, des travailleurs qui
produisent et cependant qui souffrent ! Nous ne le
nions pas, mais nous affirmons que le système
d'appropriation fait diminuer ce nombre de jour
en jour, et que la misère des malheureux qui
sont à peu près en dehors de la propriété est infiniment plus supportable que les privations, les
souffrances, les horribles tourments de l'homme
vivant à l'état sauvage, de chasse, de pêche et de
cueillette.

Il est incontestable pour nous que cette appropriation du sol reçut la sanction tacite, mais rai-
sonnée de tous ceux qui se trouvaient en contact
avec ce commen··· ·nt de la propriété, avec cette
aurore de la civilisation. La preuve en est, ce nous
semble, dans l'assentiment évident que chacun
lui donna en imitant ce qui avait été fait, en s'appropriant l'exemple qui venait d'être donné, en
utilisant l'expérience qui se faisait, en mettant à
profit les échecs, les essais, les mésaventures, les
souffrances et les succès, que le premier domesti-
cateur, si nous pouvons l'appeler ainsi, rencontra.
Si l'on veut bien considérer tout ce qu'il avait fallu

d'efforts, de fatigue, de persévérance et de tentatives de tous genres à celui qui le premier avait entrepris la domestication des animaux, si l'on veut
bien tenir compte des dangers qu'il avait courus,
des privations auxquelles il s'était condamné, on
reconnaîtra, nous le croyons, qu'il avait rendu à
la société un service que peu d'hommes auraient
pu lui rendre. Nous avons la conviction que nul ne
peut s'imaginer aujourd'hui toutes les difficultés
de son entreprise, que nul ne peut concevoir toute
la grandeur, toute l'importance du service qu'il
rendait à ses semblables. Il leur assurait l'abondance des aliments, quand ils étaient chaque jour
exposés à mourir de faim ; il leur donnait la certi-
tude d'avoir toujours de chauds vêtements, quand
ils risquaient incessamment de succomber à l'in-
clémence des saisons ; il les arrachait à tous les
dangers de la vie sauvage ; il leur donnait le loisir
de cultiver leur intelligence ; il leur ouvrait la
perspective, et leur présentait la réalité d'une existence plus conforme à la nature intime de l'homme,
nature dont le caractère principal et distinctif est
la sociabilité et la perfectibilité.

Il est à croire que les communistes de nos jours

qui parlent si prestement de liquidation sociale et
de redistribution du sol, s'imaginent que le premier homme qui mit une clôture autour d'un
champ accomplit ce travail aussi facilement qu'ils le
feraient aujourd'hui, que tout ce qu'ils connaissent
de notre globe a été défoncé, défriché, retourné,
fumé et mis en culture, aujourd'hui, qu'une longue suite de siècles nous a légué des outils et des
instruments de toutes sortes, des méthodes et des
connaissances de tous genres ! Ils s'imaginent probablement qu'il n'eut qu'à labourer quand il n'y
avait ni bêche, ni charrue, ni animaux de trait ;
qu'il n'eut qu'à ensemencer et à récolter, quand
les semences n'existaient qu'à l'état sauvage ;
qu'il s'établit, tout d'un coup, grand cultivateur en
Beauce ou en Brie !

Qu'ils veuillent donc bien se rappeler que les
choses ne se passèrent pas ainsi et qu'il fallut faire
un rude apprentissage. Ils se plaignent de leur sort !
Celui du premier propriétaire était mille fois plus à
plaindre, et nous n'hésitons pas à le dire, son
nom aurait dû nous être conservé comme celui du
plus grand bienfaiteur de l'humanité. Le service
qu'il nous a rendu dépasse de mille et mille cou-

déces ceux qui ont valu l'immortalité à tous ces législateurs, à tous ces philosophes, à tous ces héros, à tous ces saints et révélateurs que prône à l'envi l'histoire de tous les peuples. On a élevé des statues à César et à ses successeurs, on en élève à Vercingétorix, à Ambiorix et autres... Est-ce qu'aucun de leurs actes, de leurs faits, de leurs actions, de leurs efforts, a rendu la terre plus féconde ou plus riche ! Que leur doit la civilisation ? Quels services ont-ils rendus à l'humanité?

Le premier propriétaire avait incorporé au sol qu'il avait défoncé, labouré, enclos et ensemencé, une nouvelle valeur; il lui avait donné une vertu productive qui serait restée endormie, ignorée, inutile, s'il ne l'avait fait surgir par son travail. En vertu du principe que le produit du travail appartient à l'ouvrier, ce sol auquel il venait de donner la fécondité lui appartenait. Ce sol lui appartenait, car il avait donné en échange, à la société qui se formait, des exemples, des connaissances, des méthodes qui valaient mille fois plus.

Fallait-il, quand il mourut, que ses efforts, ses travaux, ses tentatives, ses succès, fussent rendus inutiles par le retour à l'état sauvage des animaux

qu'il avait réduits à la domesticité, par la destruc-
tion de l'enclos qu'il avait formé, par la restitution
aux bêtes féroces du libre parcours du peu de terre
d'où il les avait exclues? Car, qu'on le remarque
bien, s'il empiéta sur un droit quelconque, sans
donner de suffisantes et abondantes compensations,
ce fut sur celui des bêtes brutes, auxquelles il interdit l'accès d'une partie du sol dont elles avaient
joui jusqu'alors en toute liberté.

Ceux qui admirent la constitution anarchico-
communiste des sauvages de l'Amérique du Nord
peuvent répondre à notre question par l'affirmative,
si cela leur plaît ; quant à nous qui ne croyons pas
que l'homme a été doué d'intelligence pour courir
éternellement après le buffle et le chamois, nous
nous permettons de penser qu'il était de l'intérêt
de tous que ce qu'il avait produit passât à ceux
qui l'avaient secondé dans ses travaux, s'étaient
associés à ses entreprises, avaient écouté ses le-
çons et profité de ses exemples, et voulaient continuer ce qu'il avait commencé. Ceux-là, d'ailleurs,
étaient déjà déshabitués de la vie sauvage, et eux
aussi avaient fait abandon de leur part de droit
de chasse, de pêche et de cueillette. Ce ne pouvait

être que ses enfants, ceux qu'il avait élevés à ses
côtés, qu'il avait instruits à l'école de son expérience, et auxquels il avait communiqué ses espé-
rances de progrès futurs, ses intentions d'améliorations continues.

On ne niera pas, d'ailleurs, que cet homme avait
un droit aussi incontestable, aussi absolu sur le
produit de ses travaux, que le sauvage d'alors
pouvait avoir sur le produit de sa chasse, de sa
pêche, de sa cueillette. Il possédait donc de la manière la plus complète et le croît de ses troupeaux
et la fécondité qu'il avait incorporée à la terre. En
détruisant lui-même ce qu'il avait fait, cet homme
aurait commis un crime de lèse-humanité; c'était
pour lui un devoir impérieux de laisser à ceux qui
lui survivaient la somme de connaissances qu'il
avait acquises, et le produit matériel des travaux
qu'il avait accomplis. Nous cédons tous à ce devoir :
les communistes en cherchant à propager les principes qu'ils professent et croient utiles à l'humanité, les économistes en essayant de redresser les
erreurs de leurs adversaires et de montrer combien elles seraient fatales au genre humain.

Le caractère distinctif de la propriété, ce qui

fait sa force et son utilité, c'est qu'elle ne doit et ne peut suivre l'impulsion que d'une seule volonté. Pierre ne peut pas semer de l'avoine dans un champ où j'ai planté du colza : Paul ne peut pas planter des pommes de terre dans le champ où Jacques a semé du blé. Le résultat de pareilles tentatives serait la négation de toute culture, l'absence de tout produit.

Le champ enclos ne pouvait donc appartenir à la multitude, à la société qui aurait émis cent avis divers, essayé vingt sortes de cultures, entrepris de cultiver dix produits à la fois. D'ailleurs, nous devons le répéter, la société avait été dédommagée du tort que pouvait lui avoir fait l'appropriation, elle avait reçu une compensation plus que suffisante, et elle retirait tous les jours d'incalculables services de la domestication des animaux et de l'appropriation du sol qui venait d'être faite.

L'enfant qui naît de l'homme est, pour ainsi dire, le prolongement de la vie; une naissance est une résurrection. Les naissances font que l'homme survit à la mort, et que l'humanité reste toujours debout; elle se continue par une filiation non interrompue. Les fils de cet homme avaient donc le droit de continuer ses travaux, d'ajouter leurs efforts aux siens, et de perpétuer de génération en génération les services qu'il avait rendus.

Nous disons les services qu'il avait rendus, car nous maintenons que celui qui le premier a enclos un champ et rendu la terre féconde a été le plus grand bienfaiteur que les siècles ont jamais vu naître. Sans cette appropriation particulière, la civilisation ne serait jamais venue, et, si l'humanité n'avait pas succombé tout entière sous les misères et les souffrances de la vie sauvage, elle se serait continuée, rare, chétive, difforme et inintelligente, à peine élevée au-dessus du niveau des bêtes brutes. Voyez plutôt les sauvages de 'Amérique du Nord, des bords de l'Orénoque, les noirs du centre de l'Afrique, et surtout ces tristes échantillons de l'humanité que l'on rencontre dans les déserts de l'Australie!

Que de générations n'auraient jamais vu le jour! Combien auraient été plus vives, plus intenses, plus atroces, les souffrances des rares individus qui auraient survécu!

Mais on nous dira, comme pour la propriété mobilière : tout cela peut être vrai, mais notre

droit n'en reste pas moins incontestable, imprescriptible, et nous voulons une compensation !

Cette compensation, on oublie que le premier
propriétaire l'a déjà donnée par l'abandon de sa
part de terres incultes, et que la civilisation, l'appropriation, l'offrent tous les jours à ceux qui
veulent user des facilités qu'elles leur donnent.
En quoi consiste-t-elle aujourd'hui ?

Il y a d'abord la somme des connaissances acquises, connaissances qui n'auraient pas existé et
qui facilitent à chacun un genre de vie infiniment
moins chanceux, moins périlleux que celui du sauvage, connaissances dont chacun peut profiter
pour alléger sa peine et ses efforts dans les travaux
auxquels il se livre pour gagner sa vie.

Il y a ensuite tout ce magnifique ensemble d'instruments sociaux qui s'accumulent d'âge en âge,
viennent doubler nos forces et multiplier, pour
ainsi dire, la durée du temps ; ce sont les routes,
les desséchements, les ports, les canaux, les défri-
chements, les travaux de domestication et autres,
faits pour utiliser plus facilement et à moins de
frais toutes les matières et tous les animaux que
la nature met à notre disposition.

Il y a enfin cet ensemble de population résultant de la civilisation, qui nous permet d'utiliser la puissance de la collectivité, les facilités que donne la division des travaux et des fonctions, l'abondance que procure l'échange, et toutes les combinaisons que le génie humain a inventées pour subvenir plus facilement à la satisfaction des besoins de l'homme et le mettre à une hauteur infinie au-dessus des bas-fonds dans lesquels végète l'être incivilisé.

Et ne nous dites pas que l'homme aurait acquis toutes ces choses sans l'appropriation du sol, car nous vous mettrions au défi de citer un seul pays, une seule nation, où les terres soient en commun et où une seule de ces merveilles ait pris naissance. Pour terminer cette trop longue justification d'un droit évident, ajoutons que, à côté de la propriété mobilière et immobilière, chacun peut se créer une propriété toute intime, toute personnelle, et qui consiste dans le métier, la profession ou l'industrie qu'il a choisi.

Il y a longtemps qu'on l'a dit : un bon métier vaut une ferme. L'un rapporte autant que l'autre, et, si la propriété immobilière est illégitime, cette autre espèce de propriété peut être attaquée par les mêmes raisons.

Vous êtes forgeron dans un village où, de temps immémorial, il n'a existé et il n'existe encore qu'une seule forge, la vôtre, par cette raison très-simple que les travaux du village ne sauraient en alimenter une seconde. Pourquoi les communistes de nos jours n'auraient-ils pas le droit de vous dire : cet état que tu exerces est une vraie propriété, c'est même plus, c'est un monopole; le travail est de droit commun, mon droit de vivre est incontestable, tu froisses, tu violes, tu confisques à ton profit le droit inaliénable et imprescriptible que j'ai de fonder une forge ici même : tu as accaparé non-seulement l'outillage, mais encore la clientèle. Retire-toi : la propriété particulière est un vol; c'est plus, comme on l'a dit dans quelques réunions, c'est un assassinat, car tu me voues à la mort en m'empêchant de travailler !

Est-ce que vous ne seriez pas en droit de leur répondre : nul ne t'empêche de travailler : forge tout autant que tu voudras; seulement garde-toi de toucher à mon outillage, c'est le fruit de mon travail, c'est ma propriété, et je saurai la défendre et la conserver !

IX

La Rente foncière.

Il y a environ un siècle, un Écossais qui s'était occupé d'agriculture et du commerce des blés, et se nommait James Anderson, publia un petit écrit contenant des recherches sur les résultats probables d'un projet de loi, relatif aux céréales, soumis au Parlement siégeant à Edimbourg. C'est dans ce travail que se trouve la première idée de la rente foncière, idée que reprirent plus tard sir Edward West, Malthus, Ricardo et tant d'autres.

D'après ces divers auteurs, l'homme a commencé à cultiver les terres les plus fertiles, celles qui donnent le plus de produit, en nécessitant le moins de travaux manuels et le moins de dépenses de toutes sortes. Quand la population s'est accrue, disent-ils, ou s'est attaquée à des terres moins fertiles, qui rendaient moins, exigeaient une plus forte dépense, et dont le produit coûtait nécessairement plus cher, puis, de nouveau, à la suite d'une autre augmentation dans le nombre des consommateurs, on a cultivé des terres moins fertiles encore que ces deux premières sortes, et les choses ont toujours continué à se passer ainsi, l'homme mettant en culture des terres dont le produit était de plus en plus coûteux.

Si, comme l'affirment Malthus, Ricardo et plusieurs de leurs successeurs, c'est ainsi que l'agriculture s'est développée, il en résulte qu'aussitôt que l'on s'est mis à cultiver la seconde série de terre, le prix du blé s'est élevé de toute la différence qui existait entre le coût de culture des terres n° 1 et celui des terres n° 2. Il en résulte encore qu'une nouvelle élévation de prix a eu lieu, quand on est passé à la culture des terres n° 3, et que cette hausse a été égale à l'écart qui existait entre la dépense nécessaire à la culture des nouvelles terres, et la dépense requise par les anciennes.

Ce système n'admettant pas que la dépense de culture des terres mises les premières en rapport ait pu s'élever en même temps que le prix du blé, il en résulte nécessairement que le producteur de blé sur les terres n° 1 a profité de la hausse qui s'est faite, quand on a passé à la culture des terres n° 2, qu'il a encore profité de la hausse qui a eu lieu, quand on s'est mis à cultiver les terres n° 3, et qu'en même temps l'agriculteur qui produisait avec les terres n° 2 a bénéficié de cette seconde élévation du prix de vente.

Or, il est de principe que, si tout service mérite salaire, tout profit, tout bénéfice, toute rémunération qui ne proviennent pas d'un service rendu, sont illégitimement acquis. Donc, disent certains socialistes, le propriétaire ou le cultivateur perçoit sur le prix du blé un excédant de valeur qui ne lui appartient pas, car cet excédant ne représente pas un travail manuel ou intellectuel, et n'est pas même le produit d'un capital : il résulte purement et simplement de l'action progressive et incessante de l'accroissement des besoins de la population. Donc la société, ajoutent-ils, a le droit de revendiquer, comme sien cet excédant, car c'est à elle seule qu'il peut appartenir.

Telle est, autant que nous avons pu l'expliquer, la fameuse théorie de la rente foncière, et telles sont les conséquences que l'on veut en tirer.

Eh bien, nous n'hésitons pas à le déclarer, cette théorie est fausse dans son entier comme dans ses parties; elle repose sur des données inexactes, et son point de départ n'a jamais existé que dans l'imagination de ses défenseurs.

Non, il n'est pas vrai que l'on ait ainsi passé des terres de la première qualité à celles de la seconde, puis à celles de la troisième et ainsi de suite, et que le prix du blé se soit élevé à raison de la plus grande difficulté que les cultivateurs ont rencontrée dans sa production. Quand la culture du blé exige une somme d'efforts trop considérable, l'homme se contente d'aliments moins riches, parce qu'il est obligé, en même temps, de consacrer une certaine somme de travaux à obtenir son vêtement, son abri, et à satisfaire ses autres besoins; il ne peut consacrer ni tout son temps, ni toutes ses forces à produire ce qui lui permettrait de se nourrir de froment.

Aussi l'histoire de tous les siècles nous montre que le prix moyen du blé, par périodes décennales, ou même quinquennales, ne varie que de quelques centimes par hectolitre, tantôt en hausse, tantôt en baisse. Ce prix est donc réglé par une autre loi que celle qui découlerait de la théorie d'Anderson et de Ricardo. L'homme ne consacre à l'achat du pain de froment qu'une fraction du produit de sa journée de travail. L'accroissement de la consommation du blé, disons-le en passant, est une preuve aussi certaine que possible de l'augmentation de l'aisance de la population.

Il est à remarquer qu'aussi loin que l'on peut remonter dans le passé, on trouve qu'en France, si l'on tient compte des différences survenues dans la valeur de l'argent, sauf dans les années de disette ou d'extrême abondance, le prix du blé s'est toujours maintenu entre 19 et 20 francs l'hectolitre. Et il est à noter, d'une manière toute spéciale, chose qui vient à l'appui de notre opinion, que les lois restrictives, celles qui devaient créer la rareté, c'est-à-dire la cherté, les lois de protection et les lois de prohibition, n'ont jamais pu faire modifier cette moyenne d'une manière appréciable et permanente. Tout le résultat que les protectionnistes ont obtenu, c'est que, quand les prix tendaient à s'élever au-dessus de la moyenne, la consommation se restreignait et la baisse revenait forcément. Si nous avons, pour notre part, demandé et appuyé la suppression de l'échelle mobile, ce n'a jamais été dans l'espoir de voir baisser le prix du blé, mais dans le désir de voir cette première de toutes nos denrées réaliser et maintenir son prix vrai, son prix naturel.

Et ici, nous devons faire remarquer que nous avons été, dans tout le cours de ce travail, et que nous sommes encore forcé de nous répéter et de reproduire des arguments que nous avons déjà présentés. On nous le pardonnera, en se rappelant que les erreurs que nous combattons sont, au fond, toutes les mêmes. Ce qui est faux, ce qui est erroné se produit de mille et mille manières, sous mille et mille faces, mais la vérité est une et ne peut prendre les masques et les déguisements dont l'erreur s'affuble si volontiers.

Nous avons déjà dit que M. le comte A. Hugo a fait il y a environ quinze ans, le relevé du prix moyen du blé, depuis 1816 jusqu'à 1852 inclusivement. Cette moyenne est de 19 francs 47 : prenez-la sous toutes les législations qui se sont succédé et vous verrez que les périodes quinquennales donnent à quelques centimes près le même chiffre.

Notre savant collègue M. Maurice Block, qui, dans sa *Statistique de la France*, a fait un relevé du même genre de 1800 à 1858 inclusivement a trouvé une moyenne de 19 francs 44.

Les mêmes recherches faites dans le passé jusqu'à Henri IV donnent le même chiffre à quelques centimes près, tenant compte nécessairement des variations de titre, de poids et de valeur des monnaies.

D'après l'illustre Cibrario, le prix moyen d'un setier de froment en Piémont a été, de l'an 1289 à 1300, de 4 fr. 20; de 1305 à 1325, la moyenne a été de 3 fr. 50 : elle s'est élevée à 4 fr. 92 de 1326 à 1350, et elle est descendue à 4 fr. 44 de 1351 à 1379.

Ces variations semblent un peu plus considérables que celles qui se produisent aujourd'hui, mais il ne faut pas oublier que les guerres, les pertes et les maux de tous genres qui accablaient l'humanité avaient une influence très-marquée sur la production agricole.

Toutefois il est évident que, si la théorie de Ricardo était vraie, si ce que l'on appelle la rente foncière existait, le blé, principal produit de la terre, devrait hausser incessamment à mesure que la population augmente et que les terres de qualité inférieure sont mises en culture.

Nous maintenons contrairement à cette théorie, et en accordance avec tous les prix conservés par l'histoire, que le prix du blé n'augmente pas : cependant nous reconnaissons que la valeur échangeable des terres s'accroît et que le taux des fermages s'élève. C'est cette élévation du taux des fermages qui a induit les économistes en erreur et leur a fait admettre la possibilité d'un profit non justifié par un service rendu.

D'où proviennent donc cette plus-value des terres et cette élévation du taux des fermages ? D'un fait bien simple, si simple que presque tous les économistes qui ont traité cette question ont passé à côté sans le voir.

La plus-value des terres, l'élévation du chiffre des produits, et le haussement des fermages se manifestent, quand les terres sont mieux cultivées, quand elles donnent des produits plus abondants, sans que les frais d'exploitation s'accroissent proportionnellement au rendement.

Telle terre qui, il y a un siècle, ne rapportait que 7 à 8 hectolitres à l'hectare, en rapporte 10 ou 12 aujourd'hui, grâce aux travaux d'amélioration qu'on y a faits, grâce encore aux dépenses que l'on y a consacrées ; telle autre qui en rapportait 10 en donne 15 aujourd'hui ; celle qui en donnait 15 en produit peut-être 25, et l'on retire 30 ou 40 hectolitres de celle où l'on en récoltait 25.

Ce qui se passe aujourd'hui est l'histoire de tous les temps : la valeur de la terre s'accroît quand le produit augmente.

Au commencement de la Restauration, il y a un peu plus d'un demi-siècle, la France produisait 50 millions d'hectolitres de blé par an ; elle en produit maintenant 100 millions et parfois 120 millions.

Si la théorie de Ricardo, Malthus et autres était vraie, cette augmentation de production aurait été la conséquence d'une élévation des prix, qui aurait forcé les populations à mettre en culture des terres dont la production aurait été beaucoup plus coûteuse. Mais les faits, plus forts que toutes les théories, prouvent que les prix sont restés stationnaires, et que par conséquent l'accroissement de produit ne peut provenir que de plus fortes avances faites à la terre, de semences mieux choisies, de cultures plus soignées, de moissons rentrées d'une manière plus économique, de services, en un mot, rendus par l'homme et qui justifient pleinement l'accroissement de son revenu.

Comment voulez-vous qu'avec l'accroissement merveilleux de production qui s'est manifesté depuis un demi-siècle, le revenu des producteurs ne s'élève pas? Qu'est-il besoin d'aller chercher des théories écloses dans le cerveau spéculatif d'un marchand de blé écossais, pour expliquer l'accroissement constant de la valeur et du revenu des terres?

Il importe de remarquer que, si la richesse des producteurs de blé s'est accrue, celle de l'ensemble de la population s'est pareillement augmentée. D'après le chiffre de la production actuelle on peut affirmer que le nombre de ceux qui se nourrissent de pain de froment s'est plus que doublé en cinquante ans: c'est la seule manière d'expliquer le doublement de la production. On peut affirmer encore qu'il reste à peine un dixième de la population qui se nourrit d'aliments inférieurs au pain de froment. Au temps de Vauban, il y a deux siècles, c'était tout le contraire; c'était à peine si un dixième de nos concitoyens mangeait du pain blanc.

Voici donc comment les choses se sont passées et se passent encore : si nous prenons une ville de dix mille âmes, ou plutôt contenant dix mille consommateurs de pain de froment, il aura suffi, dans le principe, d'environ cinq mille hectares mal cultivés pour fournir, à raison de cinq hecto-litres par hectare, les vingt-cinq mille hectolitres de blé nécessaires à la consommation de cette ville, à raison de deux hectolitres et demi par consommateur.

Mais la ville s'accroît graduellement. Le nom-bre des consommateurs augmente ; le blé s'enlève plus rapidement du marché ; le débouché s'élargit ; il y a tendance à la rareté relative. Les cultivateurs des cinq mille hectares, encouragés par la de-mande, font divers efforts pour accroître leur production : ils savent que des marchés mieux ap-provisionnés ne causeront pas l'avilissement des prix. Ils labourent plus profondément, obtiennent plus de fumiers de la ville, sèment avec plus de soin, sarclent et moissonnent de leur mieux, et sont récompensés de leurs efforts et de leurs soins par un rendement de cinq et demi à six hectolitres et peut-être sept.

Les propriétaires de terres, ou plus éloignées du marché, ou moins fertiles, encouragés à leur tour et par la hausse momentanée du blé qui a pu avoir lieu, et par les succès que les anciens cultivateurs ont obtenus, commencent à produire quelque blé dans leurs champs, et le prix de cette denrée retombe au taux primitif.

On peut dire que la rente du sol, si elle existe, se détruit elle-même immédiatement; son apparition détermine de nouveaux efforts, de nouveaux travaux, qui la font rentrer dans le néant. Et nous ne saurions trop admirer cette action incessante des lois économiques qui empêche toute iniquité, toute injustice, toute oppression, quand ces lois peuvent fonctionner en toute liberté !

Remarquez que, par suite des progrès de l'agriculture, les dernières terres livrées à la charrue peuvent-être ensemencées en quantité croissante à cause de l'augmentation du rendement, et que, le jour où il arrive qu'une autre catégorie de terre doit être livrée à la culture, les premiers et les seconds cultivateurs ont accompli un nouveau perfectionnement, ils ont mieux cultivé, et ils ont obtenu un rendement supérieur à celui qu'ils avaient précédemment.

En d'autres termes, quand la terre n° 1 rendait cinq hectolitres à l'hectare, on ne pouvait cultiver le n° 2, qui n'aurait rendu que quatre, ni le n° 3, qui n'aurait rendu que trois. Les frais de culture de ces deux dernières catégories n'auraient pas été couverts par le prix du blé.

Mais quand le n° 1 commence à rendre 6, le n° 2 peut, cultivé, donner le rendement de 5 que lui permettent les perfectionnements apportés aux méthodes de culture. Si le n° 1 rend 7, le n° 2 rendra 6 et le n° 3 rendra 5 : il en résulte que les terres de qualité inférieure entrent en culture à mesure que progresse la science agricole, et non pas à mesure que le prix des produits s'élève.

Si donc le revenu des terres n° 1, des terres n° 2, etc., s'est accru, c'est que le travail de l'agriculteur a été plus intelligent et partant plus productif, c'est que les services qu'il a rendus à la société ont été plus grands, et, s'il a obtenu plus de la société, c'est qu'il lui a livré des produits plus abondants.

Nous ne voyons là aucune trace de rente du sol, de bénéfice qui ne soit pas légitime, de profit qui ne soit pas mérité, de rémunération qui ne soit pas due. Ce que reçoit le producteur agricole en échange de ses denrées est le juste prix de ses efforts, de ses travaux, et rien de plus.

Il est étrange que ce soient ceux qui réclament le plus en faveur du travailleur qui nient le droit du producteur agricole à tout le produit de son travail.

On demande que le travailleur puisse racheter tout le produit de son travail, et on fait bon marché, ou plutôt on confisque les droits ou la part du capital de l'intelligence ou des instruments dont le travailleur s'est servi.

Mais quand ce travailleur est agricole, on lui dit brutalement. La terre est un instrument que tu n'as pas fait, retire-toi, tu n'as aucun droit au produit ! Oh ! inconséquence humaine, passion, ignorance et présomption vaniteuse : voilà de vos coups !

Nous croyons donc avoir démontré que la rente foncière, ou, autrement dit, le surcroît de revenu qui ne serait pas, dit-on, le fruit et la juste rému-

nération du travail, n'existe pas, et que les économistes qui avaient cru le découvrir dans la plus-
value qu'obtiennent les terres, surtout aux abords
des grandes villes, s'étaient radicalement trompés
sur la cause et l'origine de cette plus-value, dont,
au reste, nous ne contestons pas l'existence. Nous
affirmons seulement qu'elle est le fruit et le résultat du travail.

Cependant on insiste, et on nous présente certains faits, de diverses natures, qui semblent con-
tredire les doctrines que nous avons exposées et
les conséquences que nous en avons déduites.

En admettant, nous dit-on, que l'accroissement
des fermages et la plus-value des terres à blé soient
le résultat d'une augmentation dans le chiffre
des produits, augmentation provenant de l'amélioration des méthodes de culture, du perfectionnement de l'outillage agricole, de l'accroissement des
capitaux fixés et engagés dans la terre, augmentation qu'il est impossible de nier en présence de
rendements comme ceux de 54 hectolitres à l'hectare que nous voyons aujourd'hui, il est une foule
de cultures qui sont restées à peu près les mêmes
qu'autrefois, dont la production n'a que peu ou

point augmenté, et qui cependant sont établies sur
des terres dont la valeur s'est accrue comme celle
des terres à blé. La culture des fruits, des légumes, l'élève des volailles, etc., n'ont guère fait de
progrès, ou, si l'on peut en constater, ce n'est rien
de comparable aux résultats qu'a donnés la culture du blé. Pourquoi les terres consacrées à la
production des légumes et des fruits ont-elles vu
leur valeur s'élever proportionnellement à celles
que l'on ensemence de froment ?

Nous répondrons d'abord qu'il est inexact de
dire que la culture maraîchère n'a pas fait d'aussi
grands progrès que la culture des céréales. Mais
en supposant qu'elle soit restée stationnaire, l'é-
lévation du prix des terres qui y sont affectées
prouve que les propriétaires des terres à blé n'ont
pas été seuls à profiter des progrès qu'ils ont fait
faire à la culture, et que l'on n'est pas en droit
de leur reprocher les avantages qu'ils ont retirés de
leur travaux, puisque tous les propriétaires de
terres, sans exception, en ont profité.

Nous pouvons encore répondre que, si les terres
qui avoisinent les grandes villes ont acquis leur
plus-value parce que la population et la richesse

se sont augmentées dans ces villes et ont surexcité la production, il en a été de même de la rémunération du travail, qui s'est élévée proportionnellement à la population et à la richesse. Un plus grand nombre d'acheteurs se sont fait concurrence pour acheter les produits maratchers, et on a inventé la culture intensive, et un plus grand nombre de fabricants et d'entrepreneurs se sont mis en quête de travailleurs, et les salaires se sont élévés. Si la plus-value qui a été le résultat de cette augmentation de richesses est illégitime en soi, si elle est illogique et contraire au droit de tous, quant aux terres, pourquoi n'appliquerait-on pas le même raisonnement, n'infligerait-on pas le même blâme au haussement des salaires, à l'élévation des traitements et des émoluments que reçoivent ceux qui travaillent, produisent, enseignent, professent ou pratiquent quelque art, profession, ou métier dans les grandes villes ?

Nous le reconnaissons, un terrain situé à cinq kilomètres de Paris, et aussi bien cultivé que ceux de Pantin ou d'Aubervilliers, sera loin de rapporter autant que ces derniers : mais est-ce que le plus savant médecin, l'avocat le plus éloquent,

exerçant dans les Vosges ou au pied des Alpes reçoivent des honoraires comme leurs confrères de
Paris?

Est-ce que la journée du plus simple journalier
n'est pas payée plus cher dans les grands centres
de population, à Lyon, à Marseille, à Paris, qu'à
Mont-de-Marsan, Hennebon, ou Le Puy? plus
cher dans les villes que dans les campagnes? Et,
non-seulement cette journée est payée plus cher,
mais toutes dépenses de logement, de vêtement,
de nourriture, etc., défalquées, l'ouvrier des villes,
s'il n'est pas dépensier, peut en économiser une
plus forte partie que ne peut le faire l'ouvrier des
campagnes. N'est-ce pas là l'équivalent de la prétendue rente gratuite que reçoit le propriétaire?
Cherchez, analysez, scrutez les faits, et partout
vous trouverez que les salaires comme les profits
et les profits comme les salaires sont toujours
proportionnels aux services rendus.

Voyez d'où vient la différence entre le salaire
payé dans les villes et le salaire payé dans les campagnes? Ne procède-t-elle pas de causes tout à fait
identiques à celles qui déterminent l'élévation du
prix des terres avoisinant les villes?

On sait tous les avantages qui résultent pour la production industrielle de la mise en pratique de la division du travail : l'ouvrier, qu'on ne l'oublie pas, profite de ces avantages comme en profite le consommateur. Le produit fabriqué est moins cher, la demande est donc plus considérable et le salaire s'élève en conséquence. Or, c'est dans les villes que cette division du travail est portée à son plus haut dégré; c'est dans les villes que le travailleur livre les produits les plus soignés, les mieux agencés, les plus nombreux, approchant plus de la perfection, les produits ayant le plus de valeur. Cette perfection du travail et cette multiplication du produit proviennent des facilités que donne l'agglomération des individus, de l'excellence qui résulte de l'émulation que crée le voisinage des autres travailleurs, et de tous les avantages que procure le plus haut dégré de savoir et de pratique auquel sont parvenus les citadins.

L'élévation du salaire des travailleurs urbains n'est donc pas le résultat seulement de leurs efforts, seulement de l'application de leurs forces et de leur intelligence, elle a pour cause, secondaire si l'on veut, ce concours de circonstances qui ne sont pas du fait de l'ouvrier, mais qui résultent du milieu dans lequel il se trouve. On pourrait donc assimiler à la rente foncière l'excédant de salaire que touche l'ouvrier des villes, comparativement au salaire de l'ouvrier des campagnes.

Mais personne au monde n'a jamais pensé à contester à l'ouvrier le droit de profiter de ces circonstances, qui ont pour conséquence l'amélioration de sa position ; personne n'a jamais songé à le dénoncer comme voleur parce qu'en mettant en pratique certains principes économiques, il retire un profit plus élevé de son travail, et personne ne lui a dit qu'il n'avait pas créé la puissance de la collectivité, la productivité de la division du travail, l'accumulation des connaissances qu'il utilise, et qu'il n'avait aucun droit aux bénéfices que l'emploi de toutes ces forces productives lui assure ! Pourquoi donc contesterait-on au propriétaire le droit de jouir des avantages que lui procure la situation, peut-être exceptionnelle, de son usine, de son exploitation agricole, ou de son établissement urbain ?

Et, nous le demandons à tous, qui donc se trouve lésé si nous utilisons la chute d'eau, que nous n'avons pas créée, mais qui se trouve dans notre prairie? A qui faisons-nous tort si nous ouvrons sur nos terres une mine de houille qui fera baisser le prix du combustible? Est-ce au pauvre, est-ce au travailleur?

Et à ceux de nos contradicteurs qui, non satisfaits de ces explications, nous demanderaient la justification de ces plus-value qu'obtiennent les terres donnant des produits exceptionnels comme, par exemple, les vignobles de Clos-Vougeot ou de Château-Laffitte, où la culture d'une tonne de vin ne coûte pas plus cher que celle d'une tonne de vin d'Argenteuil ou de Suresnes, nous répondrons ceci : êtes-vous bien certain que la supériorité de ces vins n'est pas la conséquence du choix judicieux et raisonné que celui qui planta ces ceps fit du genre et de l'espèce de vigne qu'il maria à cette terre? Le hasard a-t-il tout fait, ou n'y est-il pour rien?

Nous demanderons, en outre, qui donc donne une valeur hors ligne aux produits des vignobles de Château-Laffitte et de Clos-Vougeot? Seraient-ce les propriétaires, ou les consommateurs? N'est-ce pas la concurrence que se sont faite et se font ces derniers, qui porte les prix de ces vins au taux si élevé que nous voyons? Comment donc ceux qui causent cette plus-value pourraient-ils être reçus à s'en plaindre?

Et n'est-ce pas parce que la richesse du pays s'est accrue que la valeur de ces vignobles a progressé? Aurait-il donc fallu, parce qu'ils donnent des produits exceptionnels, qu'ils restassent dans l'humble situation qu'ils occupaient, il y a des siècles, et que le revenu qu'ils donnent restât stationnaire quand tout s'élevait et s'élève autour d'eux? Nous ne pouvons, pour notre part, voir la justice ni l'opportunité d'une pareille prétention, qui, si elle était admise, ne ferait pas qu'il y eût plus de Clos-Vougeot, ni plus de Château-Laffitte, qu'il y en eût pour tout le monde.

Nous dirons encore que ni les propriétaires de Clos-Vougeot, ni ceux de Château-Laffitte, ne forcent qui que ce soit, à acheter leurs produits, et qu'il serait étrange que quelqu'un, ou que la loi, pût intervenir dans des contrats tout à fait privés, qui ne regardent que ceux qui les font.

Si, comme on l'a proposé, le gouvernement s'emparait, au bénéfice de la société tout en-

tière, de l'excédant de profit que l'on prétend
exister, ne serait-ce pas un acheminement à la
confiscation, par l'État, de l'excédant de salaires,
de rémunération, d'émoluments, que les ouvriers hors ligne, les entrepreneurs les plus habiles, les artistes les plus renommés obtiennent
sur la moyenne générale? De là, à une fixation
arbitraire du taux des salaires et des profits, il
n'y a qu'un pas qui serait bientôt franchi, et
nous tomberions dans une immobilité qui exclu-
rait tout progrès, limiterait le chiffre des populations et ferait de l'homme une véritable machine.

Mais on insiste et, prenant un autre exemple,
on nous dit : Eh bien! justifiez si vous le pouvez,
la plus-value qu'obtient le champ auprès duquel
un chemin de fer vient à passer, ou près duquel
s'élève une gare !

Nous la justifions en répondant que, dès le moment où le champ se trouve près d'un chemin de
fer ou d'une gare, il rend plus de services à la société; ses produits, s'étendant sur un rayon plus
étendu, s'adressent à un plus grand nombre de
consommateurs et accroissent la somme de leur
jouissance ou diminuent l'intensité de leurs mi-

sères. Puis, il importe de remarquer que le champ ou les champs qui avoisinent le chemin de fer ou la gare, ne profitent pas seuls du voisinage de ces établissements de transport. Toute la contrée voit ses débouchés s'élargir, et toute la contrée profite de l'ouverture de marchés qui lui étaient fermés auparavant. Il n'y a pas qu'un champ qui soit avantagé par l'ouverture d'un chemin de fer, tout le pays voit le travail s'accroître, les salaires augmenter et les richesses se multiplier.

Admettez que, dès l'origine des chemins de fer, l'État se soit emparé de la plus-value acquise par les propriétés de toutes sortes, ait forcé chacun à rester dans la situation modeste où il se trouvait, qui donc aurait employé ses forces, son temps, son intelligence ou ses capitaux, pour généraliser ces nouvelles voies de circulation? Mais, dira-t-on, l'État, c'est tout le monde et chacun aurait profité de la répartition de cette plus-value, faite également. Oui, dans la mesure où chacun profite de la répartition des impôts, en dépenses productives et improductives, donnant cent pour recevoir dix!

Nous venons de montrer que nul ne profite exclusivement, que la répartition des avantages se fait entre tous, sans retenue aucune, avec le système actuel qui rétribue chacun selon ses services. Tout le profit vient de la multiplicité des services, et plus ils se multiplient, plus leur prix décroît.

Si l'on décidait que les plus-value accidentelles feraient retour à l'État, ne faudrait-il pas, de toute nécessité, que les moins-value, les pertes, soient réparées par l'État? Et que deviendraient la responsabilité, la personnalité, l'esprit d'initiative et d'entreprise de l'homme? Tout cela se concentrerait dans les conseils gouvernementaux : mais ceux qui nous gouvernent sont-ils donc d'une nature supérieure à la nôtre, n'avons-nous pas, chacun en ce qui nous concerne, autant de jugement, autant de bon sens, autant d'esprit pratique qu'eux?

Un tel système serait l'intronisation d'un communisme abrutissant sous le fouet d'un maître comme les esclaves, ou sous la discipline démoralisante des jésuites comme au Paraguay ; ce serait la glorification de l'ignorance, de l'immobilisme, de l'incurie et de la fainéantise ; ce serait le tombeau du progrès. L'homme serait réduit à faire toujours la même chose comme les castors, et à travailler pour d'autres comme les abeilles.

Il y a parmi nous et il y aura toujours des inégalités d'intelligence, des inégalités de force et de santé : qui donc se récrie contre cet ordre de choses que nul de nous n'a créé? Qui a jamais cherché à donner à chacun de nos peintres le talent d'Apelles ou de Raphaël? Qui veut faire de tous nos orateurs des Foy, des Manuel et des Benjamin Constant.

Luttons avec les inégalités naturelles par l'instruction ; combattons de toutes nos forces celles que créent les lois humaines, celles qui résultent des priviléges, des monopoles, des abus, et confions à la liberté le soin d'adoucir, autant que faire se peut, toutes les aspérités que la nature des choses peut faire surgir à l'encontre du niveau parfait que nous n'atteindrons jamais. Voilà quel est le devoir de la civilisation, voilà le véritable chemin du progrès.

X

Le Socialisme par en haut.

Le monde se tromperait étrangement, s'il pensait jamais que le socialisme n'a de sincères adhérents et d'ardents apôtres que dans les classes dites ouvrières, et dans le petit groupe d'hommes de talent et de cœur, qui, cherchant l'avancement de tous, le progrès général et le bien-être universel, se fourvoient si aveuglément et si malheureusement sur le chemin qui conduit tout droit à la misère et à la ruine.

Si nous avons réussi à faire partager nos convictions à nos lecteurs, s'ils reconnaissent avec nous que sous des dehors démocratiques trompeurs et des apparences égalitaires déceptives, le socialisme cherche toujours l'avantage de quelques-uns aux dépens du plus grand nombre, ils reconnaîtront aussi que de tout temps le monde a été régi par des principes et des idées socialistes. De là les maux dont on se plaint. De tout temps, des classes peu nombreuses ont asservi et exploité la majorité :

de tout temps les gouvernements, souvent sans le savoir et sans le vouloir assurément, ont fait du socialisme et du plus mauvais.

L'économie politique nous enseigne à respecter les droits, la propriété et la liberté de chacun : elle nous enseigne à laisser chacun exercer en toute liberté ses facultés morales et physiques, et employer son temps et son capital comme il l'entend : elle ne met de bornes à la liberté des uns et des autres que là où il y a danger pour l'ordre public, outrage à la morale, ou atteinte portée à la liberté et au droit d'un des membres de la société. Comment a-t-il pu se faire que les socialistes l'aient dénoncée comme l'ennemie du pauvre et l'obstacle au progrès? Comment a-t-il pu se faire qu'on l'ait signalée à la haine des populations comme la cause de tous leurs maux ?

Nous pouvons demander à quelle époque des annales du monde, en quel pays, on a jamais appliqué les principes économiques?

Sans vouloir remonter bien haut dans l'histoire, nous rappellerons que le système féodal était basé sur la confiscation de tous les droits et de toutes les libertés de l'immense majorité de la population, par un petit nombre de puissants privilégiés.

Il est certaines sectes socialistes, à commencer par les communistes, dont les plans d'organisation ne diffèrent de la théorie féodale, que parce que le grand changement qui s'est opéré dans les mœurs a forcé tous les organisateurs à adoucir la brutalité des formes, et à effacer les aspérités qui se rencontraient autrefois dans les rapports et le contact d'inférieur à supérieur.

Depuis la chute du système féodal jusqu'à la révolution, les institutions de la France étaient-elles autres que socialistes ? Partout le droit du plus grand nombre était foulé aux pieds, la liberté n'était qu'un mot, les populations urbaines et rurales travaillaient et produisaient au bénéfice exclusif de la noblesse, du clergé, de la magistrature et de la cour. C'était toujours le même système, les mêmes principes qu'auparavant, seulement le système était chamarré d'or et de broderies au lieu d'être bardé de fer ; les principes n'étaient plus brutaux, on les avait recouverts d'un vernis hypocrite : mais, au fond, qu'y avait-il de changé ? où était le droit pour le pauvre, où était la liberté pour le vilain ?

Après des siècles d'ignorance et de misère,

l'heure libératrice de la révolution française sonna à l'horloge du monde. En proclamant que tous les hommes sont égaux et libres, en affirmant leur droit au produit de leur travail, leur droit à la propriété, et en garantissant la sécurité de leurs personnes et de leurs biens, elle a posé les vrais principes, les seules bases sur lesquelles peut se fonder le bonheur de l'humanité.

Mais que nous sommes loin d'avoir mis ces principes à exécution, bien que nous les ayons inscrits dans toutes nos constitutions !

Et, il n'y a pas lieu à s'en étonner. Des siècles d'oppression d'une part, de servitude de l'autre jettent des racines profondes et laissent des traces presque ineffaçables, dans les institutions, dans les habitudes, dans les mœurs et dans les caractères, quelque violents qu'aient été les coups qui ont renversé les anciennes institutions, quelque tranchant qu'ait été le soc qui a labouré le sol humain.

D'ailleurs l'expérience l'a prouvé maintes fois, plus le changement est violent et profond, moins il dure : la réaction vient et reconstruit une partie de ce que l'on avait démoli.

Si ceux qui font ces réactions reprennent des vieilleries au lieu de faire du neuf, c'est qu'ils savent qu'il y a encore de solides assises sur lesquelles ils peuvent réédifier.

Cependant, quand le droit a été solennellement proclamé comme en 1789, quand la liberté a été acclamée et affirmée, quand les peuples ont entendu et compris la bonne nouvelle, le passé, quoi qu'on fasse, s'en va peu à peu, s'efface graduellement, pour faire place à la vérité et à un nouvel et meilleur état de choses. Chaque jour apporte sa pierre au nouvel édifice, et souvent sans le savoir nous travaillons tous à son achèvement. Les uns luttent avec ardeur, car ils ont conscience de ce qu'ils font ; les autres ne donnent qu'un appui négatif, car ils ne comprennent pas la portée de l'œuvre quotidienne, mais tous marchent avec un ensemble que rien ne peut arrêter. On pourrait citer mille preuves de l'existence de cette force latente qui pousse les peuples en avant et à laquelle ils obéissent sans le savoir et sans le vouloir.

Voyez si pendant tout le règne de Louis-Philippe, l'opinion publique, autant qu'elle pouvait se révéler et s'exprimer, ne semblait pas être avec les socialistes protectionnistes, et cependant, tant est forte la puissance du droit et de la vérité, cette même opinion protestait contre les taxes sur les blés, et demandait à grands cris le bon marché du fer ! Il n'était personne qui ne se réjouît d'un abaissement de taxe douanière, et cependant chacun demandait ardemment pour soi la protection ou la prohibition ! c'était, d'un côté, l'intérêt personnel mal compris qui donnait raison au socialisme, et, de l'autre, le sentiment du droit de tous protestait en faveur de la liberté.

Encore aujourd'hui ne voyons-nous pas la grande majorité de la nation, pour ne pas dire l'universalité, réclamer l'égalité et la liberté, et chacun de nous, industriels ou agriculteurs, demander, en même temps, des exceptions et des priviléges, des avantages et des immunités, en oubliant que toute immunité, tout avantage, tout privilége, toute exception, pour les uns, est une charge, une injustice, une oppression pour les autres ?

Et que de raisons spécieuses ne sait-on pas trouver pour se faire illusion à soi-même et justifier sa demande aux yeux du pays?

14.

Si les cultivateurs pétitionnent pour que l'on rende obligatoire aux ouvriers des campagnes le livret des ouvriers des villes, ne déclarent-ils pas qu'ils réclament dans l'intérêt général, pour que les travaux de la campagne soient faits en temps utile ? Encore un peu, et malgré tout leur amour du droit et de la liberté, ils réclameraient le rétablissement du servage au nom de l'intérêt public.

Nulle part on ne veut voir que de prétendues nécessités ne doivent jamais prévaloir sur le droit : nulle part on ne veut comprendre que la liberté des uns ne doit jamais être sacrifiée à la fortune, au bien-être des autres.

Si les producteurs de blé, de bois, de laine ou de viande, s'opposent à ce que le produit des terres qui donnent le sucre et le vin, soit affranchi de tous droits, comme le sont leurs produits, ou du moins s'ils ne réclament pas justice égale pour tous, n'est-ce pas au nom de l'intérêt du Trésor ?

Ils sont sincères, nous le voulons bien ; mais on nous permettra de dire qu'ils oublient les premiers principes de l'équité, car rien au monde ne peut autoriser le législateur à faire un choix parmi les travailleurs pour imposer les produits de ceux-ci plutôt que de ceux-là.

Nos pères avaient la conscience du droit, ils avaient affranchi tous les produits, ce fut la réaction qui ramena l'inégalité.

Si de toutes parts on ferme les yeux sur l'iniquité du régime qui pèse sur nos populations maritimes, et soumet tous les hommes valides au bon plaisir plus ou moins mitigé du ministre de la marine, n'est-ce pas parce que l'on se dit : Le système ne m'atteint pas, il faut une marine pour défendre nos côtes et notre commerce, il est tout naturel que les marins soient chargés de ce service ? Et le droit, et la liberté de ces hommes, qu'en faites-vous ?

Vous oubliez que, quand le droit et la liberté d'un seul sont foulés aux pieds, le droit et la liberté de tous sont menacés.

Que l'on nous permette de citer ici un passage de l'excellent volume de M. Stuart Mill sur *l'assujettissement des femmes*. Parlant de la presse des matelots : « On la jugeait absolument nécessaire, « dit-il, pour la défense du pays. Il arrive sou- « vent, disait-on, qu'ils ne veulent pas s'enrôler

« volontairement, donc il faut que nous ayons le
« pouvoir de les contraindre. « Que de fois n'a-t-
« on pas raisonné de la sorte ! S'il n'y avait eu un
« certain vice dans ce raisonnement, il eût triom-
« phé jusqu'à présent. Mais on pouvait répliquer :
« Commencez par payer aux matelots la valeur de
« leur travail ; quand vous l'aurez rendu aussi lu-
« cratif chez vous qu'au service des autres em-
« ployeurs, vous n'aurez pas plus de difficulté
« qu'eux à obtenir ce que vous désirez. A cela
« pas d'autre réponse logique que « Nous ne vou-
« lons pas : » et comme aujourd'hui on rougit de
« voler au travailleur son salaire et qu'on a même
« cessé de le vouloir, la presse n'a plus de défen-
« seurs. »

Quand pourrons-nous en dire autant de l'in-
scription maritime chez nous ? Quand cesserons-
nous de voler son salaire à l'ouvrier de la mer ?

Vous vous êtes crus plus forts, pouvons-nous
dire aux gouvernants, que le cours naturel des
choses, vous vous êtes crus plus sages que les lois
qui règlent les rapports des hommes entre eux,
vous êtes intervenus entre les acheteurs et les vendeurs par la taxe du pain ; et le système de la

compensation, qu'y a-t-il d'étonnant à voir les
travailleurs chercher à écarter, quand il s'agit de
leurs salaires, la loi de l'offre et de la demande ?
Qu'y a-t-il d'étonnant à les voir réclamer l'intervention de l'autorité pour fixer leurs salaires, les
heures de travail et le reste ?

Croyez-vous que, si vous eussiez toujours démontré aux uns comme aux autres que l'on ne
pouvait faire un bon marché artificiel, sans prendre
dans la poche de celui-ci ou de celui-là, qu'on ne
pouvait favoriser les intérêts des uns sans froisser
ceux des autres, vous auriez vu sept à huit cents
ouvriers s'adresser à la chambre de commerce
du Havre pour qu'elle rendît exécutoire le règlement qu'ils ont fait et dans lequel le *minimum* du
prix de la journée de travail est fixé à 4 fr. ?
Ils n'ont pas vu, les auteurs de ce règlement,
qu'ils excluaient de tout travail, tous ceux dont
les efforts ne pouvaient donner que des résultats
égaux à 2 fr., 2,50, ou 3 fr., c'est-à-dire les plus
faibles, les plus incapables, les plus malheureux.
Qui donc emploierait un travailleur à raison de
4 fr., quand ce travailleur ne donnerait qu'un
produit égal à 2 fr. ?

Et, d'un autre côté, pouvons-nous trouver extraordinaire, que les ouvriers demandent ou aient demandé des millions par dizaines ou par centaines, pour commanditer les associations de travail qu'ils voulaient fonder, quand, tous les ans, depuis une longue série d'années, nous voyons les pouvoirs publics puiser à pleines mains dans le trésor de tous, dans le budget, pour subventionner les plaisirs du riche ?

Quant à employer une partie de l'impôt pour la dépenser au profit de quelques-uns, nous le déclarons hautement, nous préférerions, mille fois, acheter des outils ou des matières premières, pour ceux des ouvriers qui en feraient la demande, que de payer des chanteurs, des chanteuses et des danseuses, pour qu'un petit nombre de femmes et d'hommes blasés puissent aller les applaudir. Pourquoi donc ces plaisirs ne seraient-ils pas payés tout ce qu'ils valent, par les spectateurs eux-mêmes ? Est-ce à ceux qui n'en jouissent pas à payer l'excédant de salaires que demandent ces artistes ?

Nous n'en finirions pas si nous voulions énumérer tous les principes socialistes appliqués par en haut, le peu que nous venons de citer suffit à

montrer dans quelle fausse voie on s'est engagé.
Il nous faut, cependant, indiquer encore, en quelques mots, une des causes principales des souffrances et des misères des populations. Cette fois,
encore, on verra que l'on s'est écarté du droit et
que l'on a versé dans le bourbier du privilége.

Nous avons longuement discuté, dans les pages
qui précèdent, la question de la gratuité du crédit ; nous avons montré comment cette incroyable
et inimaginable invention conduirait tout le monde
à la ruine par le chemin le plus court.

Mais, croyez-vous donc que le monopole de la
banque de France conduise tout le monde à la
fortune ? Pourquoi ne pas laisser la concurrence
s'établir pour le crédit, comme pour le travail,
comme pour le commerce ? Êtes-vous bien sûr
que les cinq ou six financiers qui se sont réunis il
y a environ soixante-dix ans pour discuter et établir
les bases de ce monopole, avaient plus de science,
de pratique et d'esprit, que le reste des commerçants et des capitalistes de la France ?

Et d'ailleurs, de quel droit intervenez-vous entre
les créanciers et les débiteurs, pour déclarer au
nom de la loi qu'ils ne solderont pas le compte qui

existe entre eux, autrement qu'avec des billets de la Banque de France, si l'un veut faire, et si l'autre accepte des valeurs payables à vue et au porteur?

Votre intervention dans la fixation du prix du pain a assurément amené les ouvriers à vouloir que vous vous servissiez du pouvoir légal, pour fixer le taux de leurs salaires à l'encontre des intérêts du patron.

Votre intervention dans la manière de régler les créances, c'est-à-dire, dans la création d'une monnaie de papier favorisée, nous a conduits tout droit aux rêveries des partisans du crédit gratuit.

Car, voyez : vous avez établi, à l'encontre de ceux qui veulent se servir de votre papier, une barrière que l'on ne peut franchir sans acquitter un péage, qui n'a d'autre raison d'être prélevé que le *sic volo, sic jubeo*, législatif. Vous forcez ceux dont les valeurs ne portent que deux signatures à passer au guichet des banquiers pour leur payer une commission. Cherchez parmi vos actionnaires, si la plupart de ces banquiers ne s'y trouvent pas ? Analysez les faits, et vous verrez qu'ils se font donner un péage, pour avoir le droit d'approcher des guichets de la Banque de France.

La Banque de France craint les risques et les pertes ! Pauvre excuse, car elle n'a qu'à regarder combien vite s'enrichissent ceux de ses gros actionnaires qui profitent de ce péage.

Mais ce n'est là qu'une peccadille, on peut reprocher infiniment plus que cela au monopole.

N'est-ce rien que d'empêcher la création d'établissements qui se prêteraient, mieux qu'un institution unique, à tous les besoins, à toutes les nécessités du petit comme du grand commerce ? N'est-ce rien que d'élever ou d'abaisser le taux de l'escompte, partout en France le même jour, à la même heure, quelle que soit l'abondance ou la rareté de l'argent sur un point ou sur un autre ? Et si vous prétendez qu'il en résulte une égalité absolue de condition entre tous vos clients, en est-il de même des commerçants et des industriels dont les noms ne figurent pas sur vos livres et dont les opérations peuvent se trouver compromises par la puissance et l'énergie des mesures que le monopole vous permet de prendre ?

N'est-ce rien que de tenir enfermé dans vos caisses, depuis dix-huit mois, un milliard, dont la moitié aurait été féconder toutes les sources du travail, si vos règlements inflexibles, et de trop haute volée, vous avaient permis de chercher à le placer ailleurs que parmi vos clients actuels ?

N'est-ce rien, enfin, que de pervertir les notions du peuple, sur les questions de droit et de pouvoir, et de lui faire supposer que la loi peut légitimement favoriser celui-ci ou celui-là, en lui procurant le crédit à de meilleures conditions qu'à tel ou tel autre ?

N'est-ce rien, encore, que d'attribuer presque tous les profits d'une force sociale comme le crédit, à quelques individus à l'exclusion de tous les autres ?

Enfin, disons-le, si le crédit n'est autre chose que l'ensemble des moyens que l'on peut employer pour faire circuler le capital, c'est-à-dire pour que le capital aille de celui qui le possède, et ne l'emploie pas, aux mains de celui qui peut et veut l'utiliser : nous pouvons demander à quel moment des transactions, auxquelles ce mouvement du capital peut donner lieu, il est besoin que la loi ou l'État intervienne ?

Quant à nous, nous croyons qu'il doit s'abstenir

de toute intervention dans les prêts, comme il s'abstient d'intervenir dans les échanges. Les défenseurs du *statu quo* nous parleront du danger des émissions illimitées de billets de banque : absolument comme les adversaires de la liberté du travail parlaient du danger d'une fabrication non réglementée. Vieilleries que tout cela.

Passant à un autre ordre d'idées, nous rappellerons que la charte de 1814 disait, dans son article 2, que les Français contribueraient indistinctement, dans la proportion de leur fortune, aux charges de l'État.

La charte de 1830 répétait cet article mot pour mot. Ce principe, d'ailleurs, a été celui de toutes nos constitutions.

Pourquoi donc l'a-t-on mis à l'écart pour grossir le budget d'impôts prélevés dans la proportion des besoins, au lieu d'être perçus dans la proportion des fortunes ?

L'impôt sur les objets de consommation pèse sur le pauvre plus que sur le riche, car s'il est vrai que la consommation de l'homme, qu'il soit riche ou qu'il soit pauvre, est toujours à peu près égale, il n'est pas moins vrai que, proportionnellement à la fortune de l'un et de l'autre, l'impôt est pour le pauvre un fardeau des plus lourds, tandis qu'il est des plus légers pour le riche.

En imposant les objets de consommation, on force souvent le pauvre à s'en priver, et c'est le cas pour le vin, le sucre, etc., on réduit, par là, la somme de forces dont il pourrait disposer : mais on fait plus, on impose le produit à venir, car on prélève des taxes abusives sur tout ce que l'homme consomme pendant le temps qu'il est à produire.

Le seul impôt que la raison et le sentiment du juste puissent approuver est celui que l'on prélève sur la richesse acquise, ou sur les revenus réalisés.

Tous les impôts, on le conçoit, ont l'énorme inconvénient de retarder ou d'empêcher la formation du capital, cependant l'impôt sur la richesse acquise présente cet inconvénient au moindre degré, car le capital est formé quand il a à payer la taxe.

On nous trouvera bien radical et bien exagéré, nous le savons, mais qu'on nous permette de dire à ceux que cette dernière réclamation étonnerait, qu'une puissante association dont font partie la plupart des membres de la chambre de commerce de Liverpool et de la chambre de commerce de Manchester, ainsi que quelques membres de la chambre des communes et qui a pour président le frère du premier ministre, M. Gladstone, défend et proclame ces principes en Angleterre, depuis plusieurs années, sous le nom d'*association pour la réforme financière*.

A ceux qui nous diraient qu'un impôt sur la richesse acquise ou sur le revenu ne pourrait jamais suffire à faire face aux innombrables dépenses inscrites aux divers chapitres du budget, nous répondrons, nous le savons : mais n'est-il donc aucune économie à faire, aucun soldat à renvoyer à la charrue ou à l'atelier ? Le jour où l'impôt ne sera plus réparti sur les besoins, le jour où il sera seulement prélevé sur les fortunes, sur les revenus, les classes riches, dont l'influence est encore immense, sauront forcer nos administrateurs à réduire les dépenses au niveau des besoins indispensables.

Nous avons entendu certains socialistes demander que les salaires fussent en raison des besoins du travailleur : n'étaient-ils pas inspirés par le système fiscal qui impose les travailleurs, comme

tous autres, du reste, en raison de leurs besoins ?

Croyez-vous que vous auriez entendu autant de
dénonciations et d'accusations contre le capital
s'il eût pris dans les dépenses la part qu'il prend
dans les recettes ?

Bien aveugle serait celui qui croirait que le
monde peut-être mené aujourd'hui, comme il y a
un siècle, comme il y a un demi-siècle ! L'heure
des réformes et des réformes profondes a sonné :
malheur à qui ne l'a pas entendue. Tout ce qui ne
modifiera pas profondément la situation sera
comme non avenu.

Si vous ne voulez pas de révolution, ni d'essai
de liquidation sociale, taillez, coupez, rognez dans
nos institutions tout ce qui est contraire au droit,
tout ce qui est une entrave à la liberté. Aussi, hâtez-vous de supprimer tous les monopoles et priviléges en matière de crédit, de commerce, d'industrie, d'agriculture, de beaux-arts et d'impôts, de
manière que chacun puisse employer ses forces,
son temps, son intelligence, son capital au mieux
de ses intérêts et ne payer que sa juste part.

Hâtez-vous de supprimer tous les obstacles qui

s'élèvent à l'encontre des échanges, afin que le travailleur puisse vendre ses produits sur le marché le plus avantageux, et acheter tout ce dont il a besoin, là où il le trouve à plus bas prix, afin encore qu'ayant le monde entier pour clientèle, l'industrie n'ait plus à souffrir des chômages que l'on ne peut éviter avec de rares et infimes débouchés.

Hâtez-vous de supprimer tous ces coûteux obstacles, car vous permettrez au pays d'économiser annuellement 500 millions qu'il paye en droits de douane et surtout en surélévation de prix sur toutes les marchandises indigènes, dont les similaires étrangers sont frappés de droits, et qu'il consomme.

Hâtez-vous de demander et d'obtenir le désarmement général de l'Europe : insensés seront les rois s'ils n'accueillent vos propositions, car l'orage les menace tout autant que nous, et que chaque État ne conserve d'hommes armés et improductifs qu'autant qu'il en faut pour protéger la propr'été et maintenir la sécurité à l'intérieur.

Remplacez, comme nous l'avons dit, toutes les taxes sur les denrées de consommation : blés, vins, sucre, esprits, sel, etc., par des taxes sur les revenus et profits, afin que le travailleur ne soit plus imposé en raison de ses forces, de ses besoins, et que ses produits ne payent pas l'impôt avant d'exister.

· Donnez l'instruction gratuite, à tous les dégrés, comme avant l'invention des chemins de fer on donnait et comme on donne encore le parcours des routes et des chemins aux piétons, aux cavaliers et aux véhicules de toutes sortes, à la misérable charrette traînée par un âne, aux voitures publiques et aux calèches les plus riches : rendez-la obligatoire, mais seulement pour les connaissances indispensables, car, s'il n'est pas bon que la conscription nous prenne tous les jeunes gens pour passer cinq ou six ans de leur vie dans les casernes, il importe que vous ne les enregimentiez pas dans les écoles normales, centrales ou polytechnique pour leur donner des connaissances qu'ils ne pourraient utiliser.

Laissez au domaine de la conscience ce qui est du domaine de la conscience : séparez les Églises de l'État. Ne demandez à personne de contribuer au maintien d'un culte qu'il réprouve et condamne, car vos répartitions de faveurs et de subsides ne peuvent que blesser la justice et l'égalité, et les contributions volontaires sont seules dignes des cultes.

Cessez de perpétuer la distinction et l'antagonisme des classes, en les parquant dans des chambres de commerce, d'agriculture, ou d'industrie, ou dans des syndicats d'ouvrier. Créez des chambres de travail dans lesquelles auront entrée, tous ceux qui produisent à quelque titre que ce soit. Vous ne verrez plus alors de coalitions, ni de grèves, ni leurs suites funestes. L'accord qui finit toujours par se faire, entre les patrons et les ouvriers, après les grèves, se fera auparavant, ou plutôt, les prétentions seront conciliées aussitôt qu'elles se produiront, car les ouvriers seront, tout d'abord, en présence des patrons ; et les discussions, facilitées par les membres appartenant aux autres corps d'état, se termineront comme elles se terminent aujourd'hui, après les grèves, par l'accord des parties.

Supprimez l'article 291 sur les associations, laissez faire ceux qui s'imaginent être assez forts pour bouleverser la société en s'associant au nombre de quelques douzaines, et laissez faire ceux qui veulent réunir leurs forces, leurs connaissances et employer leur argent et leur temps à défendre la civilisation. L'association n'est ni aussi dangereuse ni aussi puissante qu'on semble le croire.

Supprimez dans les campagnes cet assujettissement corporel, que l'on nomme la prestation en nature, triste reste des us et coutumes de la féodalité, qu'une contribution en argent aurait dû remplacer depuis bien longtemps.

Supprimez encore l'obligation que certains de vos codes, codes à refaire, imposent au paysan d'employer les services coûteux des huissiers ou autres officiers ministériels, quand il veut vendre à l'encan le produit de quelques ares ou plus, en herbe, en blé ou en racines ! Laissez donc tous les producteurs grands et petits disposer de leur propriété comme ils l'entendent.

Cessez de donner des priviléges aux inventeurs, vous ne ferez en cela qu'imiter la Hollande qui vient de supprimer les brevets. Laissez les inventeurs exploiter leurs idées en toute liberté, mais ne transformez pas eur droit incontestable de possession et d'exploitation, en un droit de propriété exclusive.

L'antiquité, qui ne connaissait pas ces priviléges, nous a légué les inventions les plus admirables : la fusion des métaux, l'art de fabriquer les poteries et le verre, la navigation, l'agriculture, la filature, le tissage, la teinture, le foulage des draps, le tannage des cuirs, la fabrication du papier, l'écriture, les chiffres et l'arithmétique, puis la géométrie et l'algèbre, l'imprimerie, la poudre à canon, l'architecture, la peinture et la sculpture, la boussole, etc., etc. Quelles sont les sciences qui ont eu besoin de brevets d'invention pour naître, se développer et se perfectionner ? Serait-ce la géologie, l'astronomie ou la chimie ? Serait-ce la géométrie, l'histoire, la médecine ou l'algèbre ?

Et, parmi les inventions nouvelles, qui donc a jamais réclamé un brevet pour l'invention des chemins de fer, de la télégraphie électrique, pour l'application de la vapeur comme force motrice ?

Pourquoi, et comment faire, avec justice, un choix entre les inventeurs, donner un privilége à ceux qui auront modifié quelque mouvement mécanique, et le refuser à celui qui vous aura enseigné le drainage ? Pourquoi l'accorder à celui qui, en variant le croisement des fils, aura produit une nouvelle étoffe, et le refuser à celui qui, en rapprochant et mélant certaines semences, vous aura donné de nouvelles variétés de grains, de fruits ou de fleurs ?

Pour qu'un pays puisse donner toutes les richesses qu'il renferme, pour qu'il puisse être exploité au plus grand avantage de chacun, il faut de toute nécessité que tout son sol soit approprié, et que l'intérêt individuel, harmonique en cela avec l'intérêt général, dirige son exploitation et sa culture. Vendez donc par petits lots les forêts de l'État, toutes sans exception. Vous mettrez fin à un communisme de mauvais aloi et de mauvais exemple ; vous accroîtrez le nombre de ceux qui ont un intérêt direct au maintien de la propriété du sol ; vous augmenterez la production générale du pays, et diminuerez d'autant la misère des plus malheureux.

Que l'on ne nous dise pas que les forêts servent de garantie aux créanciers de l'État : est-ce que le produit de la vente ne peut être appliqué, immédiatement, directement, à l'extinction d'un milliard de dettes ?

Que l'on n'arguë pas du besoin de bois pour les

chantiers de l'État. La substitution du fer au bois a réduit cette objection à néant, et d'ailleurs, quand il sera aussi profitable de produire des bois que de produire des grains ou des plantes légumineuses, les propriétaires en produiront.

Que l'on ne prétende pas enfin que les forêts empêchent les inondations ; nous accepterons cette réponse quand les forêts de l'Amérique empêcheront les inondations du Mississipi ; et que celles de l'Asie ne permettront plus au Gange ou à l'Indus de déborder.

Puis facilitez le morcellement, faites que les petits capitaux puissent acquérir des parcelles de terre à moindres frais, et, pour cela, abaissez dans une forte proportion les droits de mutation. Vous retrouverez, par l'accroissement du nombre des échanges, au delà de ce que la réduction pourrait tout d'abord faire perdre au Trésor.

Faites que vos lois n'empêchent pas les livres d'entrer dans les campagnes ; n'interdisez pas ce commerce, laissez-le aussi libre que celui du calicot, du sucre ou du café. Comment le paysan de nos villages et de nos hameaux peut-il aujourd'hui se procurer le moindre traité de culture, les premières notions du drainage, ou de la fumure des terres ?

Supprimez aussi, de vos codes, toutes les lois qui créent des juridictions exceptionnelles : tribunaux de prud'hommes, tribunaux militaires, tribunaux maritimes et administratifs. Renvoyez chacun devant des jurés ou des juges élus par leurs pairs, comme ceux du tribunal de commerce, et vous aurez fondé l'égalité.

Au temps de la gabelle, on faisait, partout le royaume, chaque année, 3,700 saisies dans l'intérieur des maisons : de plus, on arrêtait sur les grands chemins ou dans les lieux de passage, sur les frontières de la Bretagne, 2,400 hommes, 1,500 femmes, 6,000 enfants, 1,100 chevaux et 50 voitures. Il y avait 1,800 malheureux, enchaînés à la chiourme, qui n'avaient commis d'autre crime que d'avoir cherché à passer, d'une province dans une autre, quelques livres pesant de mauvais sel gris !

En 1867 on poursuivit 26,255 individus accusés d'avoir contrevenu aux lois sur la chasse : 24,952 ont été condamnés, 1 à plus d'un an de prison, 1,116 à moins d'un an de prison et 23,855 à l'amende ! Mais pour combien de ces malheureux l'amende n'est-elle pas devenue une cause de prison ?

Cessez, il en est encore temps, de créer des délits de convention, des délits artificiels, tels que ceux de braconnage, car le gibier n'est le produit d'aucun travail et n'appartient pas au propriétaire de la terre ; tels que ceux de vagabondage, de maraudage et de mendicité, faits qui ne sont guère que la résultante des poursuites contre le braconnage.

Hâtez-vous de supprimer encore les délits de contrebande, de colportage, de presse, d'ouverture de débits de vin sans autorisation, de ventes à l'encan de marchandises neuves, car votre loi à ce sujet est une atteinte directe au droit de propriété, et vous réduirez par cela même de près de moitié le délit réprimé en entraînant souvent un autre, le nombre des prévenus, le nombre des condamnés et des prisons. Ne frappez, en un mot, que les faits qui blessent la morale, violent le droit de propriété, portent atteinte à la sécurité des citoyens ou mettent en danger l'ordre public.

N'oubliez pas surtout de ne plus vous livrer à la confiscation, abolie par toutes nos constitutions, mais conservée à l'encontre du braconnier, du fraudeur et peut-être de quelques autres infimes contribuables : ne détruisez pas, comme vous le faites, des propriétés réelles, acquises à grand' peine, et vous serez surpris de l'apaisement des haines, de la disparition des idées de vengeance, et de la diminution des crimes. Quel respect peut-il avoir pour la propriété celui dont vous avez confisqué et brisé le fusil, celui dont vous avez confisqué l'engin de pêche ? Quel respect peut-il avoir pour les lois, quand il voit violer ouvertement l'un des principes fondamentaux de nos constitutions ?

Supprimez la vénalité des charges qui ferme la porte au talent pour ne l'ouvrir qu'à la fortune, et qui a souvent forcé le législateur à créer des obligations, inutiles mais coûteuses, aux citoyens, pour assurer des revenus suffisants aux officiers ministériels : combien n'y a-t-il pas de formalités onéreuses que l'on ne saurait justifier que par le haut prix donné pour certains offices !

Cessez de faire de nos colonies des pachalichs pour des officiers que leurs études, leurs travaux, leurs antécédents, ont rendus parfaitement inaptes à administrer quelque territoire que ce soit.

Supprimez toutes les sinécures et toutes les fonctions inutiles : supprimez, par exemple, tous ces consuls et vice-consuls que nous entretenons à grands frais, dans les ports et dans quelques villes de terre des pays civilisés. A qui fera-t-on croire que ni les nationaux ni les navires des îles britanniques n'auraient pas chez nous aussi bonne justice, si l'Angleterre n'entretenait dans nos villes aucun consul ? Donnez l'exemple au monde civilisé de votre croyance dans le droit, de votre confiance dans la justice des autres peuples, et affranchissez le commerce et le budget des lourdes redevances consulaires. L'institution avait sa raison d'être quand tout étranger était un ennemi, mais aujourd'hui ce n'est plus qu'une entrave, qu'une cause de faveurs et de dépenses qui n'est plus de notre temps.

Effacez de vos codes ces lois attentatoires au droit de propriété, qui défendent au capitaliste de retirer de ses capitaux tout ce qu'ils peuvent lui rapporter ; qui défendent à ceux qui ont besoin de ces capitaux, et pourraient les rendre productifs, d'en emprunter en dehors des conditions imposées par le législateur : vous condamnez à l'inactivité une foule de travailleurs qui n'attendent que l'aide du capital pour pouvoir produire. La loi n'empêche pas le propriétaire de louer sa maison ou son champ au taux le plus élevé; elle a pensé que la concurrence que se font les propriétaires suffit pour maintenir les loyers à leur taux le plus vrai. Elle n'empêche pas l'ouvrier de demander un salaire égal au service qu'il va rendre, pourquoi donc empêcherait-elle le capitaliste de prêter à un intérêt proportionnel aux risques qu'il court et aux services qu'il rend ?

N'intervenez en aucune manière dans le placement des capitaux, laissez le marché s'ouvrir librement aux entreprises étrangères. Vous ne leur avez fermé ce marché que parce que vous avez craint de voir l'argent sortir de vos frontières; mais sachez donc que la plus grande partie des emprunts, des souscriptions de toutes sortes, se soldent par des exportations de produits. C'est là une des causes principales des immenses exportations anglaises. Nulle loi, d'ailleurs, n'aura les mailles assez serrées pour empêcher la sortie de l'argent : toutes les mesures que vous prendrez à l'encontre des transactions de capitaux n'auront d'autre

effet que d'amoindrir des profits qui enrichiraient
le pays. Il est temps, en outre, que capitalistes et
travailleurs ne soient plus traités en enfants : la
tutelle du pouvoir n'a que trop longtemps duré.
Que de ruines n'a-t-on pas causées ! que de fautes
n'a-t-on pas commises ! Laissez à chacun la responsabilité de ses actes ; laissez chacun libre d'employer son avoir comme il l'entend. Vous avez des
lois contre le dol et la fraude, des lois de droit
commun : ce sont les seules dont vous deviez vous
servir, s'il y a lieu. En faisant un choix entre les
diverses entreprises, en permettant les unes et
en prohibant les autres, vous semblez donner une
garantie de droiture et de succès à celles que vous
autorisez, et vous savez combien cette garantie
est illusoire et trompeuse. D'ailleurs, vous n'avez
pas charge de la fortune des populations, autrement vous seriez responsables des échecs qui pourraient survenir.

Laissez toutes les industries et toutes les professions, sans exception, s'exercer en toute liberté :
les industries de mer comme celles de terre ; les
professions savantes comme les professions libérales. Ne fermez la porte d'aucune carrière à qui

que ce soit : le public saura toujours distinguer les capables de ceux qui ne le sont pas, et vous n'aurez pas le regret d'avoir, par vos diplômes, signalé à la confiance des populations des hommes qui n'en sont nullement dignes. En leur délivrant ces diplômes, vous semblez prendre la responsabilité de leurs faits et gestes ; mais ce qu'il y a de pire, c'est que vous supprimez pour eux toute nécessité de nouveaux travaux, de nouveaux efforts ; vous comprimez tout désir de progrès et d'avancement dans les connaissances qui leur sont utiles. Vous avez tracé des limites qu'il n'est pas nécessaire de franchir, et la plupart s'en tiennent, en effet, à la somme de savoir que vous avez déclarée indispensable. Est-ce ainsi que peut progresser la science? est-ce ainsi que l'humanité s'élève vers la perfection ?

Si vous voulez faire respecter la propriété, hâtez-vous de la faire rentrer dans le droit commun : ne créez pas pour elle des immunités et des priviléges ! Cessez de vous inspirer des idées qui pouvaient avoir cours quand l'homme ne venait qu'au second rang, quand il appartenait à la terre, quand la terre était tout, et représentait le droit et la puissance. Aujourd'hui la terre n'est plus qu'un bien comme un autre. Déclarez donc qu'à l'avenir les créances du propriétaire, pour fermages et loyers, ne seront plus privilégiées à l'encontre de toutes les autres. Le sol n'est plus souverain, et les créances du boulanger, du boucher, du médecin, du tailleur, du commerçant, ou du banquier, sont aussi justes et sont tout aussi sacrées que celles du propriétaire. Le privilége actuel est un reste des anciennes lois féodales que nos pères ont oublié de balayer, et dont nul ne se plaint, malgré son injustice, tant sont puissantes les traditions du moyen âge et de l'ancien régime. Peut-être, quand justice sera faite, la propriété terrienne aura-t-elle moins d'attrait, moins de prix pour certains acheteurs, mais qu'importe ? Elle se vendra à sa juste valeur, elle sera fondée sur les larges assises du droit commun, et elle ira plus volontiers aux mains de ceux dont le travail saura en retirer le plus de produit. Le privilége dessèche et stérilise tout ce qu'il touche, le droit commun féconde et rend inattaquable tout ce qu'il abrite.

Dans la liste des mesures et réformes que nous venons d'exposer, nous n'avons procédé, on l'a vu, que par voie d'élimination ou de suppression, soit d'entraves, soit de priviléges : c'est qu'en effet il ne s'agit ni de révolution, ni même de rénovation sociale; il ne s'agit ni de fonder une nouvelle société, ni de renouveler l'ancienne; il ne faut que débarrasser nos institutions d'une foule de broussailles que le temps, la routine, l'ignorance et la tradition ont laissé végéter et pousser à l'encontre de la liberté, du droit et du bon sens.

N'attendez pas six ans, c'est-à-dire de nouvelles élections, pour accomplir ces réformes non politiques : nous laissons à d'autres le soin de signaler celles que réclame l'ordre politique. Mais hâtez-vous, car nous en sommes convaincu, si nous paraissons demander quelque chose de radical, nous restons bien en deçà de ce que, dépassant les limites du juste, réclameront les électeurs, si le *statu quo* est maintenu, et si nos institutions, quelles qu'elles soient, ne sont pas mises sous la protection toute puissante, du juste, du droit et de la liberté.

FIN.

TABLE DES MATIÈRES

Corbeil, typ. et stér. de Crété fils.